デリバティブ（金融派生商品）の仕組み及び関係訴訟の諸問題

平成26年度司法研究
  研 究 員
    東 京 地 方 裁 判 所 判 事 宮 坂 昌 利
    司 法 研 修 所 教 官 有 田 浩 規
    （委嘱時　東京地方裁判所判事）
    大 阪 地 方 裁 判 所 判 事 北 岡 裕 章
    東 京 地 方 裁 判 所 判 事 小 川 　 暁
  協力研究員
    東京大学大学院法学政治学研究科教授
            神 作 裕 之

まえがき

　この資料は，司法研究報告書第68輯第1号として，司法研修所から刊行されたものです。

　実務に携わる各位の好個の参考資料と思われるので，当局のお許しを得て頒布することといたしました。

平成29年9月

　　　　　　　　　　　　　　　　　　　　　一般財団法人　法　曹　会

は　し　が　き

　本研究は，デリバティブ取引に係る投資損害賠償訴訟等の関係訴訟に関して必要となるデリバティブの基礎知識を提供するとともに，当該訴訟の実体法上，審理運営上の諸問題を研究するものである。

　本研究では，協力研究員をお引き受けいただいた東京大学の神作裕之教授から全般的な指導助言を得たほか，京都大学の潮見佳男教授からも，特に実体法上の未解明の法律問題について貴重な示唆を得ることができた。そして，本研究の構想に対して両先生からいただいた励ましに，我々司法研究員は大いに勇気づけられた。本研究になにがしかの成果といえるものがあるとすれば，それは両先生の御協力に負うところが大きい。この場を借りて改めて深謝申し上げる。

　また，本研究に当たっては，様々なデリバティブの専門家からのヒアリングを行った。特に，みずほ第一フィナンシャルテクノロジー株式会社の福島良治取締役，伊藤見富法律事務所の和仁亮裕弁護士，同宇波洋介弁護士，有限責任監査法人トーマツの田邉政之パートナー外からは，それぞれ複数回にわたってお話をうかがい，デリバティブのイロハと取引の実情等を懇切丁寧に教えていただいたほか，ＩＳＤＡ（国際スワップ・デリバティブズ協会）東京事務所（森田智子所長）からの御厚誼により資料等を提供していただいた。さらに，全国銀行協会金融ＡＤＲ部，日本弁護士連合会消費者問題対策委員会金融サービス部会の先生方とは，意見交換の機会を通じて，デリバティブ取引に係る紛争解決について，有益で興味深いお話をうかがうことができた。貴重な時間を割いてヒアリング，意見交換等の対応をしていただいた方々には，謹んで御礼を申し上げる。

　そして，司法研修所第一部教官室からは，本研究の全般にわたって全面的なバックアップを受けた。その助力なくして本研究を全うすることは叶わなかったものであり，ここに謝意を捧げたい。

　最後に，デリバティブの本質と関係訴訟のあるべき姿について深い見識を示した和仁亮裕弁護士の下記の文章（「デリバティブ取引と紛争解決」金融法務事情1951号28頁〔42頁〕より）を引用して，巻頭の言葉に代えたい。

記

　そもそもデリバティブ取引は，既存の金融取引に潜在する各種のリスクを分解して取り出し，そのリスクをマネージすることを目的として発展してきた取引分野である。リスクを回避しようとする当事者がいれば，そのリスクを引き受けようとする当事者がいるのであり，その両者によってデリバティブ取引が成立する。そして，かかるデリバティブ取引の功績ともいえることは，固定金利等のかつては社会における当然の前提と考えられていたものが，実は様々なリスクを内在させているものであることを明らかにしたことであろう。社会の前提とされていた「決まり」も，実はキャッシュフローの調整を通じて自由に

変えられる可能性があるということである。このように，デリバティブ取引は，かつては意識されなかった新たな経済的機能を担う取引であり，取引されるようになってからの歴史も浅いことから，まだまだ明確な法律解釈が示されていない論点が多くあり，取引関係に関する法的規範がこれから形成されていく段階である。そのような状況にかんがみ，デリバティブ取引に係る紛争を担当する裁判所には，理論的かつ明快な法的解釈を積極的に示されていくことを望みたい。日本の金融市場が国際的競争力を向上させるには，明確なルールの設定と，当該ルールに基づく公正な運用が不可欠だからである。

平成28年12月

研 究 員 　　宮坂　昌利
　　　　　　　有田　浩規
　　　　　　　北岡　裕章
　　　　　　　小川　　暁

本研究に寄せて

協力研究員　神作　裕之

1　本研究の意義

本研究は，デリバティブ取引に係る投資損害賠償訴訟等の関係訴訟の実体法上及び審理運営上の諸問題に関する研究である。本研究は，次の２点において，理論的観点からも実務的観点からも大きな意義を有すると思われる。

第１は，実体法上の整理として活発な議論がなされているものの学界においても必ずしも理論的に明快に分析し説明し尽くされているわけではない説明義務と適合性原則の適用範囲や両者の関係を整理し，いわゆる「広義の適合性原則」に含まれる類型として，「不適合商品勧誘の不法行為」類型を提唱している点である。「不適合商品勧誘の不法行為」類型は，顧客に適合した金融商品を販売する業者の注意義務を民事法のレベルにおいて認める契機を開く新たな理論的発展の可能性をもつ魅力的な議論である。

第２は，デリバティブ関連訴訟の審理運営上の提言として，契約時における時価評価算定額について業者側に任意の提出を促してもよいこと，口頭議論を集中的に行うプレゼンテーション方式を活用し，たとえば審理の初期の段階において業者の側に商品の合理的根拠適合性を中心とする商品特性の説明をさせることや，審理の終局の段階において商品特性を中心に顧客と業者の双方の主張のまとめを口頭で行わせることなど具体的な提言を行う。デリバティブ取引についての理論的基礎を踏まえ，審理の一層の合理化と効率化を図る提言であると考えられる。

本報告書の提案が実現すれば，業法もしくは自主規制としての適合性原則違反に対し不法行為の適用を認めた最判平成17年7月14日民集59巻6号1323頁がその後機能不全に陥っているという批判がある中で，「不適合商品勧誘の不法行為」という新たな類型の下で顧客に対し適切な法的保護が与えられるとともに，そのような裁判規範が翻って業者に対しては健全なデリバティブ取引の勧誘・販売を促す効果をもつことが期待される。

2　説明義務と適合性の原則
(1)　説明義務の対象と方法・程度

本研究は，説明義務について，説明義務の対象と説明の方法・程度の問題を峻別すべきであるとする。金融商品の説明義務の対象は，取引の基本的な仕組みとリスクである。これらの情報が与えられれば，当該リスク要因等に照らして，将来の相場変動をどのように予測し，その変動が自己の許容し得るリスクの範囲内かどうか等の判断は，顧客が自己責任に基づいて行われるべき投資判断そのものであると整理する。そして，そのような理解は，判例法理（最判平成25年3月7日集民243号51頁，最判平成25年3月26日集民243号159頁，最判平成28年3月15日集民252号55頁）及び金融商

品の販売等に関する法律（以下，「金販法」という）の構造とも整合的であるとする。

これに対し説明の方法・程度については，広義の適合性原則を踏まえ，顧客の知識・経験・財産の状況及び取引の目的に照らして当該顧客に理解されるために必要な方法及び程度によるものでなければならないとする。平成18年改正によって新設された金販法3条2項にその旨の明文規定があるほか，業法上は金融商品取引法（以下，「金商法」という）38条8号及び金融商品取引業等に関する内閣府令117条1項1号に同趣旨の規定がある。そして，適合性に従った説明をする要請は，一般不法行為上の説明義務違反においても変わるところはないと指摘する。

説明の方法・程度は，前掲最判平成17年7月14日が述べるとおり，顧客の属性と商品特性との相関関係によって決せられるべきであり，このことは広義の適合性原則についても妥当する。したがって，デリバティブ取引のように，対象商品の仕組みが複雑・難解で，リスクが過大・予測困難なものであればあるほど，説明の方法・程度も高度な内容が要求されることになる。「狭義の適合性原則」は，顧客の取引耐性すなわち上述した考慮要素のうち主として「財産の状況」に着目し，入口規制という観点から不適合顧客を排除するものであり，原則として過失相殺は許されないと解されてきた（(3)参照）。これに対し，「説明の方法・程度」という観点から，一般不法行為法上も，投資目的に照らして不適合な商品について勧誘する場合には誤解を招かないような説明をするなど，「広義の適合性原則」のうち投資支援の側面に着目した不法行為類型として「不適合商品勧誘の不法行為」類型を確立することを提言する。

(2) 排除の論理としての「不適合顧客勧誘の不法行為」

本研究は，自己責任原則の妥当する自由競争市場での取引耐性のない顧客を後見的配慮に基づいて市場から排除することによって保護する排除の論理を「狭義の適合性原則」として整理する。このような排除の論理としての「不適合顧客勧誘の不法行為」類型は，自己責任原則の限界という観点から根拠付けられるものと考えられる。

「狭義の適合性原則」の違反に基づく不法行為責任は，金融・証券法の分野の画期的判例である前掲最判平成17年7月14日によって一般論としてすでに認めていたところである。すなわち同判決は，「平成4年法律第73号による改正前の証券取引法の施行されていた当時にあっては，適合性の原則を定める明文の規定はなかったものの，大蔵省証券局長通達や証券業協会の公正慣習規則等において，これと同趣旨の原則が要請されていたところである。これらは，直接には，公法上の業務規制，行政指導又は自主規制機関の定める自主規制という位置付けのものではあるが，証券会社の担当者が，顧客の意向と実情に反して，明らかに過大な危険を伴う取引を積極的に勧誘するなど，適合性の原則から著しく逸脱した証券取引の勧誘をしてこれを行わせたときは，当該行為は不法行為法上も違法となると解するのが相当である。」と判示する。

説明義務を尽くしていても，業者としては顧客にとって明らかに過大な危険を回避させる義務がある。ところが，そのような排除の法理としての「狭義の適合性原則」は，その後の判例法理では積極的に適用されてきているとはいえず，投資損害賠償訴

訟においてさほど大きな役割を果たしていないのが裁判実務家の実感にも沿うとして，その限界を指摘する。

(3) 「不適合商品勧誘の不法行為」類型と民事責任の法的根拠

　本研究は，「広義の適合性原則」の範疇に属する新たな類型として「不適合商品勧誘の不法行為」類型を提唱する。「不適合商品勧誘の不法行為」類型とは，顧客のニーズに適合しない金融商品であるにもかかわらず，この点につき誤解を生じさせかねない勧誘を積極的に行うなど，顧客に適合した金融商品の勧誘を要請する適合性の原則から著しく逸脱した勧誘をしてこれを販売した場合には，不法行為に基づく業者の損害賠償責任が基礎付けられるというものである。

　本研究は，そのような民事責任の実質的根拠として，つぎの3つを挙げる。すなわち，第1に，顧客のニーズに適う金融商品を販売するために先行行為について顧客に誤解が生じている場合には，そのような誤解を解く行為義務が生じる。第2に，本来的には説明義務の対象とはいえない情報であっても，顧客から求められるなどして情報提供をしたところこれが誤った内容であったために投資判断を誤らせたという場合には，誤導的説明が重要な意味を持つ。第3が，「信認関係」である。信認関係が認められる場合には，法律上，業者の顧客に対する善管注意義務が認められ，投資目的との適合性について，投資支援の側面から業者の民事責任を問い得るとする。「不適合商品勧誘の不法行為」が認められるのは，業法上又は民事法上善管注意義務が定められている業者である投資助言業者（金商法41条）や取次ぎを行う問屋（商法552条2項・民法644条）に限られるものではないものの，自己責任原則との緊張関係を念頭に置きながら，事案に応じた慎重な検討が必要であるとする。

　「不適合商品勧誘の不法行為」という類型は，狭義の適合性原則違反と説明義務違反という伝統的な枠組みでは対応が難しい類型として，平成23〜24年前後に金融ADRで大量に処理された為替デリバティブ取引を挙げ，「ヘッジニーズに適うものとして販売された金融商品と実際のヘッジニーズとの不適合」を類型的に適切に救済する必要があるという問題意識と経験に基づきなされた提案であると思われる。業者に対し，顧客との信認関係を背景に難解な金融商品を勧誘・販売する専門家として，「顧客に適合した金融商品を勧誘する義務」又は「顧客に適合しない金融商品の勧誘をしてはならない義務」を認めるものである。この義務は，適合性原則のうちの「投資支援」の側面に由来する私法上の義務として位置付けられており，その違反があった場合には不法行為責任の成立を認める。排除の論理としての「不適合顧客勧誘の不法行為」類型の適用には限界があることを踏まえ，これまでの裁判例についての緻密な検討と裁判官としての経験や見聞から導かれた説得力のある議論であり，学説においても理論的に明快に解明されているとは言い難いデリバティブ取引の勧誘・販売における業者の注意義務のあり方に一石を投じるものであると評される。

　本研究は，「不適合顧客勧誘の不法行為」責任の実質的根拠として，信認関係がある場合には注意義務や忠実義務が法的根拠となり得るが，それ以外の場合にも，責任

が問われ得る場合があるとして、顧客に誤解が生じているのにそれを解かない場合や、誤導的説明を行った場合を挙げる。そのような純粋に民事法的なアプローチに加えて、前掲最判平成17年7月14日は、公法上の規範や行政指導や自主規制に対する違反についても、一定の場合には不法行為責任が生じることを認めており、この判例の判断枠組みを用い、具体的内容すなわちどのような公法上の義務違反等が不法行為責任を導くかを検討する観点もあると思われる。「不適合顧客勧誘の不法行為」に係る公法上、自主規制上の行為規範については、(4)において述べる。

(4) 「不適合商品勧誘の不法行為」が機能する前提と法律構成

金商法上、適合性原則とは、一般に、つぎのような二段階の義務に従って金融商品・金融取引の販売・勧誘を行うことであるとされる（たとえば、松尾直彦『金融商品取引法（第4版）』426頁）。すなわち、第1に、顧客の属性に照らして、一定の商品・取引について、そもそも当該顧客に販売・勧誘を行ってよいかどうかを判断し（金商法40条1号）、第2に、販売・勧誘を行ってよいと判断される場合でも、当該顧客の属性に照らして当該顧客に理解されるために必要な方法および程度による説明をすることである（同法38条7号、金商業府令117条1項1号）。適合性原則についての一般的理解は、本研究のいう「不適合顧客勧誘」のみならず「不適合商品勧誘」をも含むものであり、本研究の議論は業法上の規制と平仄が合う。

そして、金融商品取引業者等が適合性の原則に従い適切に金融商品・金融取引を販売・勧誘するためには、顧客の属性すなわち顧客の知識・経験・財産状況・契約締結目的について知ることが必要となる（前掲・松尾427頁）。ところが、ノウ・ユア・カスタマー・ルールと呼ばれるこの義務は、金販法などの民事法のみならず金商法上も課されていない。しかしながら、たとえば、日本証券業協会の自主規制において顧客カードを通じて顧客の属性を知るべきこととされている。「不適合商品勧誘の不法行為」類型が有効に機能するためには、その前提として、顧客の属性を知ることが適切に行われ、それらの情報に基づいて不適合商品勧誘の不法行為性について判断がなされることが望ましい。

顧客の属性を業者の側に伝えることには顧客の側の理解と協力が必要であり、顧客の利益本位の営業方針を確立しそれを開示すること等により、顧客の属性が正しく把握され、「不適合商品勧誘の不法行為」類型が真に機能することが強く期待される。平成28年12月22日に公表された金融審議会市場ワーキング・グループ報告は、金融庁が顧客本位の業務運営に関する原則を策定し、金融事業者に受け入れを呼びかけ、金融事業者が、原則を踏まえて何が顧客のためになるかを真剣に考え、横並びに陥ることなく、より良い金融商品・サービスの提供を競い合うよう促していくことが適当であると提言した（金融審議会市場ワーキング・グループ報告～国民の安定的な資産形成に向けた取組みと市場・取引所を巡る制度整備について～（平成28年12月22日））。顧客本位の業務運営に関する原則のⅥにおいて、「金融事業者は、顧客の資産状況、取引経験、知識及び取引目的・ニーズを把握し、当該顧客にふさわしい金融商品・サー

ビスの組成，販売・推奨等を行うべき」旨を定めることが提案されている（同報告5頁）。原則Ⅵの（注3）においては，「金融事業者は，特に，複雑又はリスクの高い金融商品の販売・推奨等を行う場合や，金融取引被害を受けやすい属性の顧客グループに対して商品の販売・推奨等を行う場合には，商品や顧客の属性に応じ，当該商品の販売・推奨等が適当かより慎重に審査すべきである」と記載されている（同報告5頁）。さらに，「金融事業者は，顧客との情報の非対称性があることを踏まえ，上記Ⅳに示された事項（顧客が負担する手数料その他の費用の詳細―コメンテーター注）のほか，金融商品・サービスの販売・推奨等に係る重要な情報を顧客が理解できるよう分かりやすく提供すべきである。」と定める原則Ⅴの（注1）は，重要な情報の1つとして，「顧客に対して販売・推奨等を行う金融商品・サービスの選定理由（顧客のニーズ及び意向を踏まえたものであると判断する理由を含む）」を掲げている。顧客に対し，適合性原則に則った勧誘・販売であると判断した理由を開示させることをベスト・プラクティスとして求めているのである。これらの動向もまた，投資家の信頼を確保し，いわゆるソフトローのアプローチに基づき投資支援を促進する試みとして，本報告の基本的な方向性に合致するものと考えられる。

前掲最判平成17年7月14日は，行政指導や自主規制に対する違反についても，一定の場合には不法行為責任が生じるとする点で，不法行為責任の根拠として民事法以外の法規範や社会規範を挙げている点で重要である。すなわち，同判決は，業法や自主規制との関連では，顧客の保護を目的とする行為規制や行為違反の著しい違反に対し，不法行為法上も違法となるとの理論的枠組みを示したきわめて重要な判例であると位置付けられる。「不適合商品勧誘の不法行為」類型においても，説明義務の対象についての従来の判例法理がそうであったように，業法や自主規制に配慮することが望まれる。反対に，業法上の行為義務や自主規制上の行為規範に従って行動した業者の民事責任は，原則として生じないことが望ましく，そのための理論構成が課題になると考えられる。

3 審理運営上の提言

デリバティブ取引に係る訴訟事件の審理運営上の提言として，次のような貴重な具体的・実践的な提言がなされている。

第1に，争点整理において，「説明義務の対象」と「説明の方法・程度」の二段階構造論を意識することの重要性が指摘される。上記2(1)の実体法上の整理に対応した主張である。具体的には，解約清算金の試算額については，解約清算金の算定方法・試算額それ自体を「説明義務の対象」に含めることができないが，解約清算金の発生場面で発現する時価変動リスクは説明の対象になると考えられることから，その説明の「方法・程度」の問題として，中途解約に係るリスクの質と量を個別の顧客の属性を踏まえ具体的にイメージできるようにするために，試算額の説明を要求することは可能であるとする。なお，不適切な説明をしたという作為の形で事実主張がされることが実務上は意外

に多く,「不適合商品勧誘の不法行為」類型においては,本来は説明義務の対象ではない事項について誤導的な説明があった場合などに不適切な説明をしたかどうかが実質的な意味を持つことになるという指摘は,重要である。「広義の適合性原則」の範疇に属する「不適合商品勧誘の不法行為」類型については,顧客の属性や交渉の過程等に応じて,適合的でない金融商品の販売や金融取引が行われないようにするべきであり,事案ごとに判断されることになろう。

　第2に,プライシングの不当性又は契約時時価評価額等の説明義務違反を理由とする損害賠償請求を直ちに認めることには困難が多いものの,事案を適切に理解し,商品特性についての顧客(原告)側の不信感を解くためにも契約時における時価評価算定額については業者側に任意の提出を促すことの有用性を説く。

　第3に,口頭議論を集中的に行うプレゼンテーション方式を活用し,たとえば審理の初期の段階において業者の側に商品の合理的根拠適合性を中心とする商品特性の説明をさせることや,審理の終局の段階において商品特性を中心に顧客と業者の双方の主張のまとめを口頭で行わせることなどを提言している。この提言の前提には,業者は,問題となっている金融商品を開発し,販売した立場において,その商品としての意義,特性,想定される顧客層等について,積極的に明らかにしていくべきであるという考え方があり,正当な方向であると考えられる。前述した金融審議会市場ワーキング・グループ報告は,原則Ⅵの(注2)において,「金融商品の組成に携わる金融事業者は,商品の組成に当たり,商品の特性を踏まえて,販売対象として想定する顧客属性を特定するとともに,商品の販売に携わる金融事業者においてそれに沿った販売がなされるよう留意すべきである。」と記載しており,業者の行為規範として本報告書と同様の方向性を示している。

目次

序　章　本司法研究の問題意識 …………………………………………………………… 1
第1章　デリバティブの基礎知識 ………………………………………………………… 4
　第1節　デリバティブ総論 …………………………………………………………… 4
　　1　デリバティブの意義 …………………………………………………………… 4
　　2　デリバティブの種類 …………………………………………………………… 7
　　3　デリバティブの歴史 …………………………………………………………… 9
　第2節　金利の基礎知識 ……………………………………………………………… 10
　第3節　先物取引 ……………………………………………………………………… 13
　　1　先物取引とは …………………………………………………………………… 13
　　2　先物取引によるヘッジ ………………………………………………………… 14
　　3　先物取引の損益（ペイオフ） ………………………………………………… 15
　　4　先物取引の特徴 ………………………………………………………………… 15
　　5　上場先物取引（フューチャー） ……………………………………………… 16
　　6　店頭先渡取引（フォワード） ………………………………………………… 16
　第4節　スワップ取引 ………………………………………………………………… 17
　　1　スワップ取引とは ……………………………………………………………… 17
　　2　金利スワップ取引 ……………………………………………………………… 17
　　3　通貨スワップ取引 ……………………………………………………………… 23
　第5節　オプション取引 ……………………………………………………………… 25
　　1　オプション取引とは …………………………………………………………… 25
　　2　オプション取引の基本 ………………………………………………………… 26
　　3　オプション取引の損益図 ……………………………………………………… 27
　　4　オプション取引の特徴 ………………………………………………………… 28
　　5　オプションに関する基本用語 ………………………………………………… 29
　　6　オプションの合成と戦略 ……………………………………………………… 30
　　7　店頭オプションの様々なメニュー …………………………………………… 32
　　8　オプションの感応度分析 ……………………………………………………… 34
　第6節　その他のデリバティブ取引 ………………………………………………… 35
　　1　その他のデリバティブ取引の概要 …………………………………………… 35
　　2　クレジット・デリバティブ …………………………………………………… 35
　　3　天候デリバティブ・地震デリバティブ ……………………………………… 42
　第7節　デリバティブ組込商品について …………………………………………… 42
　第8節　デリバティブ取引の実際 …………………………………………………… 43
　　1　デリバティブの目的 …………………………………………………………… 43

2　カバー取引について ………………………………………………………… 45
　　3　デリバティブ市場の参加者 ………………………………………………… 46
　　4　デリバティブのリスクとその管理 ………………………………………… 46
第2章　デリバティブのプライシングと時価評価 …………………………………… 49
　第1節　総論 …………………………………………………………………………… 49
　　1　はじめに ……………………………………………………………………… 49
　　2　デリバティブ商品の価格及び時価評価の意義 …………………………… 49
　第2節　デリバティブの価格理論の基本的な考え方 ……………………………… 51
　　1　現在価値 ……………………………………………………………………… 51
　　2　無裁定条件 …………………………………………………………………… 53
　　3　原資産のモデル化と期待値 ………………………………………………… 55
　　4　信用価格調整（CVA） ……………………………………………………… 56
　第3節　各種デリバティブのプライシング ………………………………………… 57
　　1　先物（先渡）のプライシング ……………………………………………… 57
　　2　スワップのプライシング …………………………………………………… 58
　　3　オプションのプライシング ………………………………………………… 59
　　4　クレジット・デリバティブのプライシング ……………………………… 63
　第4節　デリバティブの会計上の取扱い …………………………………………… 64
　　1　原則的な取扱い ……………………………………………………………… 64
　　2　ヘッジ会計 …………………………………………………………………… 65
　　3　その他 ………………………………………………………………………… 66
第3章　デリバティブの法規制と周辺制度 …………………………………………… 67
　第1節　デリバティブに係る業法上の規制等 ……………………………………… 67
　　1　金商法 ………………………………………………………………………… 67
　　2　金融庁の監督指針 …………………………………………………………… 70
　　3　日本証券業協会等の自主規制 ……………………………………………… 74
　第2節　デリバティブを取り巻く諸制度 …………………………………………… 77
　　1　ISDAマスター契約 ………………………………………………………… 77
　　2　金融商品取引所 ……………………………………………………………… 79
　　3　中央清算機関（CCP） ……………………………………………………… 81
　　4　金融ADR …………………………………………………………………… 81
　　5　海外の動向－ドイツ ………………………………………………………… 84
第4章　デリバティブに関する紛争の主な類型 ……………………………………… 88
　第1節　銀行による取引先事業者向けの為替デリバティブの販売 ……………… 88
　第2節　銀行による取引先事業者向けの金利スワップの販売 …………………… 90
　第3節　個人向けの仕組債の販売 …………………………………………………… 91
　第4節　学校法人等へのデリバティブの販売 ……………………………………… 93

第5節　契約当事者の破綻による期限前終了の処理 …………………………… 94
　　第6節　インターネット上の外国為替証拠金取引（ＦＸ取引） ………………… 95
　第5章 デリバティブ関係訴訟の主な法律問題 ……………………………………… 97
　　第1節　適合性の原則 ……………………………………………………………… 97
　　　1　適合性原則の意義 ………………………………………………………… 97
　　　2　平成17年最判について …………………………………………………… 100
　　　3　適合性原則に関する個別の論点 ………………………………………… 102
　　　4　適合性原則と民事責任に関する今後の課題 …………………………… 104
　　第2節　説明義務 …………………………………………………………………… 105
　　　1　問題の所在 ………………………………………………………………… 105
　　　2　説明義務の沿革 …………………………………………………………… 106
　　　3　説明義務の根拠 …………………………………………………………… 107
　　　4　説明義務（その違反の損害賠償）の法的根拠 ………………………… 110
　　　5　判例の分析 ………………………………………………………………… 112
　　　6　「説明義務の対象」と「説明の方法・程度」 …………………………… 122
　　　7　金販法5条と一般不法行為の関係 ……………………………………… 124
　　　8　積極的な誤導型の説明義務違反について ……………………………… 126
　　　9　デリバティブ訴訟で問題となる説明義務に関する諸問題 …………… 126
　　第3節　プライシングの不当性・不透明性を巡る議論について ……………… 131
　　　1　問題の所在 ………………………………………………………………… 131
　　　2　プライシング内容の説明義務 …………………………………………… 132
　　　3　その他の観点からの検討 ………………………………………………… 135
　　　4　まとめ ……………………………………………………………………… 136
　　第4節　投資目的との不適合について …………………………………………… 137
　　　1　問題の所在 ………………………………………………………………… 137
　　　2　既存の判断枠組みでの対応可能性 ……………………………………… 137
　　　3　「不適合商品勧誘の不法行為」について ……………………………… 138
　　　4　まとめ ……………………………………………………………………… 141
　　第5節　損害賠償責任に関するその他の問題 …………………………………… 142
　　　1　断定的判断の提供 ………………………………………………………… 142
　　　2　商品組成上の注意義務違反 ……………………………………………… 143
　　　3　損害 ………………………………………………………………………… 143
　　　4　因果関係 …………………………………………………………………… 145
　　　5　過失相殺 …………………………………………………………………… 146
　　第6節　契約の無効・取消し ……………………………………………………… 147
　　　1　契約の効力を否定するアプローチの功罪 ……………………………… 147
　　　2　公序良俗違反 ……………………………………………………………… 148

3　錯誤 …………………………………………………………………… 148
　　4　詐欺 …………………………………………………………………… 149
　　5　消費者契約法に基づく取消し ……………………………………… 149
　第7節　契約の途中終了による清算処理 ………………………………… 149
　　1　前提となる法律関係 ………………………………………………… 149
　　2　再構築コスト理論 …………………………………………………… 150
　　3　ネッティング ………………………………………………………… 150
第6章　デリバティブ関係訴訟の審理について ……………………………… 152
　第1節　説明義務違反の主張整理の在り方 ……………………………… 152
　第2節　時価評価額等の開示を巡る攻防について ……………………… 154
　第3節　商品特性の理解のために ………………………………………… 155
　第4節　専門的知見の獲得・専門家の活用 ……………………………… 157

凡　例

法令の略記は次の例による。

金商法　　　　　　　金融商品取引法
金販法　　　　　　　金融商品の販売等に関する法律
金商業府令　　　　　金融商品取引業等に関する内閣府令
店頭デリバティブ府令　店頭デリバティブ取引等の規制に関する内閣府令

参 考 文 献

（関係する文献は枚挙にいとまがないが，本研究の主要な読者として想定される法律実務家にも比較的なじみ易いと考えられるものだけを若干取り上げてみた。このほか，第2章冒頭〔49頁〕で引用のものも参照。）

〇可児滋＝雪上俊明『デリバティブがわかる（日経文庫）』（日本経済新聞出版社・2012年）
〇藤巻健史『藤巻健史の実践・金融マーケット集中講義〔改訂新版〕（光文社新書）』（光文社・2012年）

脱稿後に接したものとして
〇福島良治『デリバティブ取引の法務〔第5版〕』（金融財政事情研究会・2017年）
〇加藤新太郎＝奈良輝久編『金融取引の適合性原則・説明義務を巡る判例の分析と展開』〔金融・商事判例・増刊1511号〕（経済法令研究会・2017年）

序　章　本司法研究の問題意識

　デリバティブを中心とする金融商品取引に係る投資被害の回復を目的とする訴訟の動向について，近年における特徴的な流れを押さえながら，以下でまず概観しておきたい。

　最初に，契約の効力を否定して契約関係の清算を行うアプローチはさほど実効性を上げておらず，損害賠償（原状回復的損害賠償）が中心となっていること，そして，その損害賠償の責任原因としては，適合性原則（狭義）違反と説明義務違反が二本の柱となっていること，以上の点については，ほぼ異論のない実務の共通認識になっていると思われる。そして，この二本の柱のうち，適合性原則（狭義）違反は，平成17年7月の最判[1]によって理論的・実務的に一定の地位が確立されたものの，その後の運用面で「領域縮小」が指摘されており，その反面において，説明義務違反の役割が相対的に拡大しているというのが最近の大きな傾向であると考えられる。このような傾向が生じている理由等は後に分析するが，市場への参入自体は緩やかに肯定した上で，説明義務を含む勧誘・販売態様の適正性等に訴訟の主戦場を据えたいという実務的なバランス感覚が影響しているように思われる。そして，このような流れの中（後記のプライシングに係る議論と相まって），説明義務というツールへの要求が肥大化する傾向が一部に見られるようになっていたことも否定できないと思われる。

　他方で，最近数年以内の新しい流れと思われるが，「プライシングの不当性・不透明性」を指摘する議論が訴訟の場に持ち出されるようになっており，法的な位置付けが必ずしも明確となっていないデリバティブ商品の時価評価額であるとか金融工学的知見に関する諸々の主張（「契約時時価評価額の説明義務」，「金融工学的知見の説明義務」等）を巡って，訴訟運営が難渋するという事態が見られるようになっていた。

　このような中，金利スワップに関する平成25年3月の最判[2]と武富士メリル事件に関する平成28年3月の最判[3]によって，混迷していた幾つかの議論について一定の道筋が示されたことは間違いないと思われる。もっとも，両最判とも事例判断にとどまるものでもあり，その射程等を巡ってはなお議論が残されているというのが現状であろう。

　さて，以上のような現状認識を踏まえて，本司法研究が問題意識をもって取り組んだ主要なテーマは，次のようなものである。

---

[1] 最一判平成17・7・14民集59巻6号1323頁。本書では，これを「平成17年最判」と呼ぶこととする。
[2] 最一判平成25・3・7集民243号51頁及び最三判平成25・3・26集民243号159頁。本書では，これら両最判を併せて「平成25年最判」と呼ぶこととする。
[3] 最三判平成28・3・15集民252号55頁。本書では，これを「平成28年最判」と呼ぶこととする。

第1は，複雑な商品特性のデリバティブ商品が増加し，またプライシングの問題が取り上げられるようになったこともあり，訴訟の場で金融工学を含む専門的知見へのニーズが高まっていることへの実務的な対応である。専門訴訟への対応といった場合に，専門家の活用が真っ先に取り上げられるのが通常と思われるが，むしろ本当に必要なのは，訴訟に携わる我々裁判実務家自身の「リテラシー」の向上なのではないだろうか。このような観点から，本司法研究報告では，デリバティブの基礎知識編にそれなりの分量を割いて（第1章～第3章），デリバティブについて特段の予備知識のない平均的な法律実務家を読者として想定して，デリバティブの基本中の基本を，単なる情報の羅列ではなく，「考え方」のような次元まで可能な限りかみ砕いて，説明することを試みてみた。なお，デリバティブの入門書とか概説書のようなものも多数市販されているが，その多くは金融実務家を対象としたものであり，どうしても金融工学に偏った内容になっていたり，我々が本当に知りたい基本の部分が当然の前提として省略されていることが少なくないというのが正直な印象であり，本司法研究報告はそうした点にも可能な限り配慮したつもりである。

　第2は，現在の裁判実務の主役とされている「説明義務違反」について，平成25年最判と平成28年最判を踏まえつつ，説明義務なるものが認められる実質的な根拠をどこに求めるのかという出発点に立ち返って基本的な視座を設定するとともに，説明義務違反を巡る実体法上の諸問題について考え方の道筋をつけたいという点である。ここで，誤解のないようにお断りしておくと，我々が意図しているのは飽くまでも考え方の整理であって，結論を示すことではないということである。叙述の流れで一定の方向性が示されていると受け取られる部分もあるかもしれないが，それは司法研究員の個人的な私見にとどまり，それ以上の何らの意味（意図）を有するものではない。

　第3は，従前の実務の二本の柱と目されていた適合性原則（狭義）違反と説明義務違反という伝統的な枠組みでは対応が難しい類型として，「ヘッジニーズに適うものとして販売された金融商品と実際のヘッジニーズとの不適合」が問題とされる事案があるのではないか，この種事案を適切に救済する理論的枠組みが求められているのではないかという疑問について，正面から取り組んでみた。なお，このような事案は，平成23～24年前後に金融ＡＤＲで大量に処理された為替デリバティブ取引に関して典型的に見られたものであり，金融ＡＤＲと訴訟との役割分担を踏まえつつも，金融ＡＤＲの処理実績を通じて裁判実務の立場からも学ぶべきものがあるように思われる。また，この問題は，適合性原則（狭義）の領域縮小が指摘されている中で，適合性原則の新たな側面に光を当てようとする試みでもある。

　第4は，近時注目されている議論である時価評価額，プライシングに係る種々の主張について，現在までの理論的な到達点と今後の課題を明らかにするとともに，契約時時価評価額の開示等を巡って紛糾しがちであった審理の在り方についても一定の考え方を示し

た。また，デリバティブに関する紛争の多くは，特定の経済的・社会的な背景の下で大きな波のような形で発生する社会事象という性格を持っており，そうした背景への理解が不可欠である。このような観点から，各種のデリバティブ紛争類型の時代背景であるとか，業法等の関係法令その他の周辺制度とその変遷にも目配りをした。

　ちなみに，このような観点からいうと，現在（平成28年12月）は，平成20年秋のリーマン・ショックとその後の極端な円高の影響から多数のデリバティブ関係訴訟が提起された流れが一段落した「デリバティブ関係訴訟の凪の時代」といえるのではないかと思われる。実際，デリバティブ関係の本格的な投資損害賠償訴訟はめっきり減少しているという印象であり，その意味では，本司法研究のテーマに対する現場の問題関心も薄らいでいるかもしれないが，むしろ激しく議論が動いている時期にこのような研究を行う困難さを考えると，そして本質的に同じ問題を抱える事件が将来発生する可能性が大いにあることからすると，結果的には恵まれた時期に本司法研究の取りまとめを行うことができたと考えている。

第1章　デリバティブの基礎知識

第1節　デリバティブ総論
1　デリバティブの意義
(1)　デリバティブの定義

　　「デリバティブ」(derivative／derivatives)は，英語のderive(派生する)から来た用語であり，金融派生商品などと訳されることがあるとおり，ごく大括りに言えば，伝統的な金融商品から派生して生まれた商品であるということができる。しかし，派生したとはどういうことか，伝統的な金融商品とは何が違うのかなどを過不足なく説明するのは難しい。各種の概説書，専門書でも様々な定義が試みられているが，確立した定見があるわけではないようである。

　　法令用語としての「デリバティブ取引」(金商法2条20項〜23項)も，実質的な意味のデリバティブ取引の概念を一般的抽象的に定めるのではなく，取引社会の中でデリバティブ取引として認知されている主要な類型(先物取引，スワップ取引，オプション取引等)を個別に定義するとともに，今後デリバティブ取引として認知される可能性のある取引については，政令レベルで追加できるような規定ぶりとなっている[1]。

(2)　デリバティブの本質

　　デリバティブの定義が困難であるという上記の限界を前提としつつも，おおよそ取引社会の中で一般的にデリバティブと言われているものの本質は何かということを突き詰めて検討することは必要，有用なことであろう。

　　このような見地から考えるに，デリバティブとは，原資産をそれ自体独立した取引対象として契約時点で現実に移転することなく，原資産に含まれる様々なリスクの全部又は一部を任意に切り取って取引の対象にしたものということができるように思われる。そして，原資産に含まれるいかなるリスクを抽出し，どのように加工して当事者に分配するかということは，契約によって自由に決定される。換言すれば，デリバティブ取引とは，原資産の現物(スポット)取引によることなく，そのリスクだけを当事者間で自由に配分・移転することを目的とする取引ということができる。

　　例えば，A社株式という現物(原資産)を例にとると，A社株式を現実に購入すれば，当該資産を保有する立場(現物のポジション)を持つことになり，将来の値上がり益を享受することができる反面，値下がり損失のリスクを負担することになる。そのような現物取引を行うことなく，そのリスクだけを切り取って，取引当事

---

[1]　金商法がこのように全てのデリバティブ取引の類型を網羅しようとしているのは，法令上の位置付けを付与することで「賭博」としての違法性阻却を意図しているという側面がある(第5章第6節2(148頁)参照)。

者間でリスクの移転を図るために開発された手法の一つが，例えば「先物取引」である。すなわち，先物の買い手（甲）は，約定時に現物の代金を支払って現実に購入するわけではないのに，約定価格（先物価格）よりも現物が値上がりすれば利益を享受する一方で，値下がりするリスクを負担し，売り手（乙）はその逆のリスクを負担するという形で，原資産に含まれるリスクの配分，移転が行われる。ここで，仮に，甲が，値下がりリスクを一定の範囲に限定したいと考えれば，将来の売買（決済）の実行を甲の選択にかからしめることとする合意をすることが考えられる。これが「オプション取引」であり，決済時のリスクは乙が片面的に負うことになるが，甲は，その代償たる対価（オプション料）を契約時又は決済時に乙に支払うことが必要になり，トータルとしてのリスク配分の調整が行われる。甲は，自分が引き受けるリスクの質と量を，自らのニーズと戦略に合うように加工しているのである。

このように，原資産に含まれるリスクを任意に抽出し，ときには加工して，配分・移転するところにデリバティブの本質がある。

(3) デリバティブの存在理由

それでは，何故にこのような現物取引によらないリスク移転が必要になるのであろうか。

ア まず，企業が営利活動を合理的効率的に遂行しようとすれば，様々な事業リスクをどの範囲でどのように引き受けるか（特に金融の世界において，リスクを引き受けるということは，その見返りのリターンを期待するということでもある。），あるいはヘッジするかということを突き詰めて検討することが求められる。原資産に含まれるリスクだけを切り取り，しかもこれを自由に加工することができるならば，異なるリスク選好を持つ者の間で最適なリスクシェアリングを実現することができる。

イ その上で，なぜ現物取引の回避が意図されているのかということであるが，その直接的な理由の一つは，資金効率がよいという点にある。すなわち，デリバティブ取引の最大の特徴は「契約は今，決済は先（現時点で流動的な将来のリスクが確定した時）」という点にあり，契約時に必要なのは，保証金とかオプション取引におけるオプション料（現物の対価とは異質なものである。）程度にすぎず，証拠金を不要とする場合のスワップ取引に至っては，資金授受は発生しない。例えば，現在の価格が100万円の原資産につき先物取引を行う場合，先物価格自体は現在決定されるが，実際の支払（決済）が行われるのは先のことであり（しかも差金決済として行われることもある。），現実に100万円を調達することなく，原資産の将来の値上り益を収受できるポジションを得ることができる。要するに，現物取引と比較して，圧倒的に少ない資金で大きな利益を生むことができるということであり，これを「レバレッジ（leverage）効果」という。ただし，利益の反面の損失においても，レバレッジ効果が働くことは言う

までもない。

- ウ　第二の理由は，現物取引として構成することが困難な抽象的な指数や抽象的なリスク等をも取引の対象とすることができるという点である（この点の詳細は，後記2⑷（8頁）「デリバティブの原資産の種類」で説明する。）。また，これに関連して，デリバティブの取引対象は抽象化されたリスクであり，人為的な加工が容易であるため，規格化を通じて，上場デリバティブ取引を中心とした流動性の高い厚みのある取引環境の構成になじみ易いという特徴もある（ただし，全てのデリバティブ取引が流動性の高いものというわけではない。）。
- エ　第三の理由に，バランスシートを無駄に大きくしないで済むという点が挙げられる。この点はやや説明が必要かもしれないが，現物取引をした場合，当該資産の価格がそのまま貸借対照表（バランスシート）に計上されるのに対し，デリバティブ取引では，原資産がそのままの形で資産計上されることはなく（時価相当額は計上される。会計上の取扱いの詳細は後述する。），バランスシートの膨張は抑制できる。この点に着目して，デリバティブ取引は「オフバランス（off-balance sheet）取引」としての性格を持つと言われることがある。オフバランス取引がなぜ好都合かというと，企業業績を計る重要な指標であるＲＯＡ（リターン・オン・アセット，総資本利益率）や自己資本比率の算定上，分母となる資産の増大はマイナスになり，これをできるだけ避けたいという要請が働くからである。自己資本比率は，バーゼル規制が課せられる金融機関にとって特に重要であるが[2]，それ以外の事業会社にとっても，財務的な信用，格付けに大きな影響を与える。

⑷　デリバティブ取引のゼロサム性について

　デリバティブ取引は「ゼロサム」(zero-sum)の取引であるといわれることがある。その第1の意味は，当該デリバティブから当事者双方に生ずるキャッシュフローの出入りを通算するとゼロになるということである。例えば，原資産が値上がりしたとしても，先物の買い手の損益と売り手の損益はネットでゼロになり，双方がその果実を分け合ってウィン・ウィンの関係を築くことはできない。

　上記の意味のゼロサム性の論理的帰結であるが，デリバティブは，トータルとしてのリスクを低減させるものではなく，原資産に含まれるリスクの再分配（移転）を行うにすぎない。その意味で，デリバティブは付加価値を生み出す取引ではないということもできるが，視点を変えてみれば，主体ごとに選好の異なるリスクの最適化という大きな価値を生み出しているということができる。

　デリバティブ取引のゼロサム性についての第2の意味は，デリバティブの価格決定に着目したテーゼであり，「デリバティブは，双方当事者に公平な（有利・不利

---

[2]　ただし，厳密にいうと，自己資本比率の分母は「リスクアセット」であり，リスクアセットで考えた場合，現物とデリバティブを比較して必ずしもデリバティブが有利に働くとは限らない。

のない）市場価格や価格理論に従って価格決定される」ということである。ただし，このような価格決定が実際に妥当するのはプロ同士の取引であり，金融機関が個人や中小事業者向けに販売するデリバティブ商品には妥当しないことに留意する必要がある。この点の詳細は，第2章第1節2（49頁）で触れることにする。

2 デリバティブの種類

(1) 取引所取引と店頭取引

デリバティブ取引には，取引所において上場商品として取引される取引所取引と，いわゆる相対（あいたい）で取引されている店頭（OTC：Over-the-Counter）取引とがある。この違いは，個別の商品特性に大きな影響を及ぼす重要な意味があり，その具体的な内容は後記第3章第2節2（79頁）「金融商品取引所」で述べるが，次の点は，デリバティブ取引を巡る法律関係の基本であるから，よく押さえる必要がある。

すなわち，取引所取引（例えば通常の上場株式の売買）において，具体的な売買手続を担当する証券会社等は，取引を受託する仲介業者（自己の名で顧客の計算において取引を行う商法上の問屋）であって，顧客と業者の間に成立しているのは委託契約にすぎない（当該商品の売買契約ではない。）。裁判実務上，比較的多くみかける商品先物取引に登場する商品先物取引業者もこれと同じ立場である。これに対し，店頭（OTC）取引では，業者は，デリバティブ取引の契約当事者として顧客と対峙しているのであって，このような法律関係の違いは，様々な場面で顔を出すことになる。

(2) 先物，スワップ，オプションの基本3類型

デリバティブは，「先物」，「スワップ」，「オプション」の基本3類型に分類されるが，新しい類型であるクレジット・デリバティブ，天候デリバティブ，地震デリバティブのように，これらの既存の枠からは説明しづらいものも現れている。

その具体的な内容は後記第3節～第6節で詳説するが，混乱が生じないよう最初に基本用語だけを押さえておくと，ここでいう「先物」は広義の先物取引をいい，取引所取引である狭義の「先物（フューチャー，futures）」と店頭取引である「先渡（フォワード，forward）」の双方を含む意味で用いている。

(3) 商品デリバティブと金融デリバティブ

デリバティブ取引の原資産としては，「商品（コモディティ，commodities）」（その定義は商品先物取引法2条1項のとおり）と，「金融商品又は金融指標」（その定義は金商法2条24項，25項のとおり）に大別される。

前者の商品（コモディティ）を原資産とするデリバティブを「商品先物」といい（狭義の先物だけでなく，スワップ，オプションを含む概念であり，要するに商品デリバティブ全体を指す。），基本的に商品先物取引法によって規律される。

後者の金融商品又は金融指標を原資産とするデリバティブを「金融デリバティ

ブ」ということがあり（これ自体は法令用語ではない。），金商法によって規律される。

両者は，歴史的な沿革と所管官庁の違い（商品先物取引法は農水省〔農産物等〕及び経産省〔工業原料等〕，金商法は金融庁）等を反映して，市場の性格，業者の体質，顧客層，取引文化に大きな違いがあり，同じデリバティブ取引といっても，一括りにして論ずるのが難しい面がある。このようなこともあり，本司法研究は，その対象を金融デリバティブの分野に絞ることにさせていただいた。その旨お断りしておきたい。

(4) デリバティブの原資産の種類

ア　デリバティブが，伝統的な金融商品から派生して生まれたものであることは冒頭に述べたが，この元となる商品等のことを「原資産」(underlying asset)とか「基礎商品」などという。この原資産として最も分かりやすいのは，いわゆる「現物」であり，①債券，②通貨，③株式の3つが典型的なものである（商品先物の対象であるコモディティはここでは触れない。）。なお，原資産をデリバティブ商品とするデリバティブもあり，例えば，スワップを原資産とするオプションを「スワップション」という。

イ　ところで，デリバティブの原資産は，上記のような「現物」であるとは限らず，抽象的な指標（指数）が用いられることも多い（金商法2条25項の「金融指標」）。債券の指標が金利，通貨の指標が為替，株式の指標が株価指数であるが，具体的には様々な指標がある[3]。

このうち株価指数（日経平均株価，ＴＯＰＩＸ等）を例に「指標が原資産になる」ということの持つ意味を少しかみ砕いて説明してみたい。株価指数を現物として売買するということは事実上あり得ないが，考え方としては，日経平均を構成する225銘柄の株式をセットにして（大きさの異なる各銘柄の単位をそろえる必要があるが），これを取引しやすい大きさに輪切りにした商品をイメージすればよいであろう。このような指標を取引の対象とすることで，個別の銘柄の個別事情による価格変動リスクを免れることが可能となり，分散投資と同様の効果を上げることができるのである。

なお，このような指標が原資産になる場合には，最終決済を現物の受渡しで行うことはできないから，差金決済によることになる（現物の受渡しが物理的には可能な取引であっても，実際には差金決済が選択される例は多い。）。

ウ　デリバティブの対象とする指標は，金利，為替，株価のような投機的リスク（プラスとマイナスがあるリスク）に係るものだけでなく，信用リスク（債務者〔＝

---

[3] 金利，為替等の様々な金融指標の情報を配信するサービスを担っているのが「情報ベンダー」である。代表的な情報ベンダーとして，トムソン・ロイター（Thomson Reuters），ブルームバーグ（Bloomberg L.P.），日本のＱＵＩＣＫがある。また，代表的な指標は，日本経済新聞等にも掲載されている。

参照企業）の倒産等のクレジットイベント）や自然災害（一定期間における地震の発生の有無，規模等）のような純粋リスク（マイナスしかないリスク）もあり，後者は保険類似の性格を持つことになる（保険デリバティブということもある。）。また，天候（シーズン中に雪の降る日数，気温等）のように，およそ事業活動に対して何らかのリスクを生じさせ得る指標であれば，何でも対象とすることができる。

　デリバティブにおけるこのような「原資産」概念の拡大・拡散の過程は，興味深いものがある。デリバティブというものが，最初の出発点からして，いかに「現物取引」のしがらみから自由になり，そのリスクだけを純粋に取り出すかという高度に抽象的な概念に支えられていることを考えると，原資産概念のこのような抽象化の進展は，ある意味，必然的な進化の過程であると考えられる。

(5) 金商法上のデリバティブの分類

　金商法2条20項は，デリバティブ取引を，①市場デリバティブ取引，②店頭デリバティブ取引，③外国市場デリバティブ取引の3種類に分類した上で，①については同条21項各号で，②については同条22項各号で，下表のとおりのデリバティブの類型を定義している。

	原資産	市場デリバティブ	店頭デリバティブ
先物・先渡	金融商品	21項1号	22項1号
	金融指標	同　2号	同　2号
オプション	金融商品	同　3号	同　3号
	金融指標		同　4号
スワップ		同　4号，4号の2	同　5号
その他の デリバティブ	クレジットイベント	同　5号イ	同　6号イ
	その他リスク	同　5号ロ	同　6号ロ

3　デリバティブの歴史

　以下では，デリバティブを理解するために必要な限度で，ごく簡単にデリバティブの歴史を振り返っておきたい。

(1) デリバティブ取引は，豊作と凶作が繰り返される農作物の価格ヘッジから始まったといわれている。すなわち，17世紀初頭のオランダ・アムステルダム取引所ではチューリップの投機的な先物取引が活発に行われたとされ，我が国でも，江戸時代享保年間の1730年に開設された大阪・堂島の堂島米会所において，帳合米取引という差金決済を伴う米の先物取引が行われ，これが世界最初の先物取引所であると言われている。19世紀に入ると，米国でシカゴ商品取引所，ニューヨーク綿花取引所が次々と開設され，農産物を中心とする商品先物取引がデリバティブ取引の先駆けとなった。

(2) 金融デリバティブの分野では，1971年のニクソンショック（米国の金兌換停止）を経て，1973年の固定相場制から変動相場制への移行を背景に，為替相場の変動が取引社会における重大なリスクと認識されるようになったことが重要な契機と言われている。このリスクをヘッジするニーズから，通貨先物取引，金利（債券）先物等の金融先物取引が活発に行われるようになった。そして，1980年代になると，株価指数先物がこれに加わり，更にオプション取引も含め，金融デリバティブ市場が急拡大するようになった。スワップ取引が行われるようになったのは1980年代以降であり，デリバティブの中では最も歴史が新しい。

(3) ところで，デリバティブの一つであるオプション取引の世界で，状況を一変させたブレークスルーが，1973年（昭和48年）の「ブラック＝ショールズ・モデル」の確立であり，これによって，初めてオプションの「理論値」を求めることが可能になり，オプション取引は客観的に計算可能な取引として商業的に成立することとなったと言われる（ただし，理論値といっても絶対的なものではなく，また，ブラック＝ショールズ・モデルも万能ではないのだが，それらの詳細はデリバティブのプライシングの項に譲る。）。いずれにせよ，デリバティブの歴史において，金融工学の発展が果たした役割が大きいということは理解しておく必要がある。

(4) このように，デリバティブ（金融デリバティブ）は，実質的には1980年代以降に普及することとなったごく新しい取引であり，現在もなお発展途上にあるといえる。

第2節　金利の基礎知識

1　金利の重要性

　金利は「金融リテラシー」の基本であり，金融の最先端というべきデリバティブを理解する上でも，まずは足元の金利の基本概念を理解しておく必要がある。このような観点から，以下では，今更述べるまでもない常識に属する事項も含まれているかもしれないが，金利の基礎を押さえておきたい。

2　金利の種類

(1) 短期金利と長期金利

　期間が1年未満の金利を短期金利，1年以上の金利を長期金利というのが通例である。短期金利は，日銀が金融政策（公定歩合，量的緩和等）を通じて圧倒的な影響力を行使しているのに対し，長期金利は，需給とファンダメンタルズ（景気動向）を基礎にマーケットによって実質的に決定されており，その意味で両者は全く別のものであると言われることがある。もっとも，日銀による国債の買いオペが無尽蔵に行われるようになってからは，長期金利にも日銀の影響力は増大している。

（イールドカーブの例）

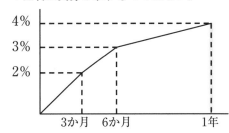

> 長期金利と短期金利の関係は，長期のものほど金利は高くなるのが普通であり，期間を横軸，金利を縦軸に金利の分布をグラフにしたもの（これを「イールドカーブ」という。）は，右上がりになること（＝順イールド）が多い。しかし，景気の下降局面等で市場が将来の金利低下を予想し，短期市場で資金需要等により金利が高くなる局面では右下がりになること（＝逆イールド）もある。

(2) 単利と複利

単利とは，期間中に発生した利息を再投資しない（元本に組み入れない）金利をいう。これに対し，複利とは，期間中に発生した利息を再投資する（元本に組み入れる）金利をいう。複利では，同じ期間の利息であっても，再投資の頻度によって金額は異なってくる。なお，再投資の期間を無限に小さく（頻度を無限に多く）したものを連続複利という。

(3) 基準となる金利

約定金利は，基本的には特定当事者間の相対取引で決定されるものであり，強行法規に反しない範囲で自由に決定することができるが，実際には，市場参加者の基準となる金利（市中金利）が形成されていることが多い。そのような基準となる金利のうち，特にデリバティブの世界における標準金利というべき重要な意味を持っているのが，短期金利の代表的な指標であるＬＩＢＯＲ（ライボー，後記3参照）及びＴＩＢＯＲ（タイボー，前同），そしてデリバティブ取引として生まれたものの既に長期金利の代表的指標となったスワップレートである。その具体的な内容は次項で説明する。

他には，邦銀が独自に公表している最優遇貸出金利と呼ばれる短期プライムレート（短プラ）及び長期プライムレート（長プラ），短期の商業手形（コマーシャルペーパー）に使用されるＣＰレート，長期（10年物）国債レートなどが基準として用いられることがある。

銀行融資等の信用供与契約では，これらの基準金利に顧客の信用リスク（「クレジットリスク」ということもある。），銀行としてのコスト等を勘案した一定の利率を上乗せして貸出金利を決定するのが通常である（例えば，ＴＩＢＯＲプラス１％）。この上乗せ分をスプレッド（spread）という。その場合の基準となる金利は銀行にとっての調達金利であり，これに貸出相手の信用に応じたリスク・プレミアム，銀行としてのコスト及び利潤をスプレッドとして乗せたのが貸出金利（銀行にとっての運用金利）ということになる。

なお，貸出金利が固定金利（固定利率に基づく金利）の場合には長期金利が，変

動金利（変動利率に基づく金利）の場合には短期金利が，基準金利として使われるのが通常である。これは，調達を長期で賄った場合には，その利率に見合う運用を長期間固定する必要があること，逆に短期で調達した資金を固定金利で運用してしまうと，その後の調達で生ずる金利変動リスクを転嫁できないことによる。

また，これの応用になるが，金利上昇局面では，長期調達・短期運用が有利になり，金利下落局面では，短期調達・長期運用が有利となる。

短期金利≒変動金利 長期金利≒固定金利	金利上昇局面／長期調達・短期運用 金利下落局面／短期調達・長期運用

3　LIBORとTIBOR

(1) LIBOR（ライボー）とは，「London Inter-Bank Offered Rate」の略で，ロンドン市場における銀行間（インターバンク）取引の平均貸出金利である（利率は実日数ではなく，1年を360日や365日とした年利で示されている。）。期間を1日，1週間，1か月，2か月，3か月，6か月，1年とする各利率が毎営業日1回公表されており，このうち例えば期間6か月の利率を「6か月LIBOR」などと呼ぶ（3か月LIBORと6か月LIBORが最もよく使われる。）。

ところで，市場で観察される貸出金利には，貸し手レート（この利率なら貸すよという提示）であるオファード・レート（offered rate）と，借り手レート（この利率なら借りるよという提示）であるビッド・レート（bid rate）がある。オファード・レートの方が高いが，確実に取引を成立させることができるレートはこちらであり，LIBORはオファード・レートによっている。

同様に，TIBOR（タイボー）とは，「Tokyo Inter-Bank Offered Rate」の略で，東京市場における同様の銀行間取引の平均貸出金利である（日経新聞の短期金融市場の欄にはTIBORが掲載されている。）。

(2) 将来のLIBOR又はTIBOR（変動金利）と交換可能な固定金利をスワップレートという（金利スワップの基本形であり，スワップ取引の項目で再説する。）。これは長期金利の指標であり，時々刻々と変化するが，前日一定時刻のレートが，日経新聞の債券市場の欄に「円金利スワップレート」として，対LIBOR，対TIBORのそれぞれにつき，期間が1年から30年までの利率が示されている。このような形で，LIBORとTIBORは長期金利の基礎ともなっている。

(3) LIBORとTIBOR（特にLIBOR）がデリバティブに関して特に重要視されるのは，これが無リスク金利（リスク・フリー金利，risk free rate）を体現するものとして，デリバティブのプライシングに必須の道具となっているためでもある。

すなわち，実際に取引社会の中で成立している貸出金利の多くは，借り手の信用

（デフォルトの可能性）を考慮したリスク・プレミアムが上乗せされているが，金利にそのような要素が加わっているとデリバティブの理論値を計算することができなくなる（キャッシュフローの客観的な時価評価とは異質の要素が入り込んでしまう。）。そこで求められるのが，リスク・プレミアムの要素を排除した無リスク金利なのである。

なお，銀行間取引とはいえ，その貸出利率が借り手銀行の信用力に依存していることは否定できず，厳密な意味でのリスク・フリーとはいえないが，複数の銀行の平均貸出金利であることから，個別の銀行の信用力の問題は無視できるものと考えて，実務上はこれを無リスク金利と扱っている[4]。

4　クーポン，利回り，債券価格

利付債の支払利息をクーポン（coupon）といい，その利率を表面利率という。クーポンは発行体が自由に決めることができるが，実際の債券価格はマーケットで決定されるため，クーポンが投資家の要求する利回り（期待収益率）を下回っていれば，額面割れ発行しかできない。利付債に投資しようとする者は，受取キャッシュフローであるクーポン及び最終的な償還額（額面）と，支払キャッシュフロー（取得価格）を比較検討して，この投資の利回りを見極めるのである。

割引債（ゼロクーポン債）は支払利息がない債券であり，投資家の要求する利回りは，額面からの割引額として債券価格に反映されることになる。割引債に限った話ではないが割引債を念頭に置くと理解しやすい法則として，「発行体（債務者）の信用が低いほどリスク・プレミアムが上乗せされ，投資家の要求する利回り（期待収益率）は高くなり，債券価格は低下する」というものがある。これを逆に表現すると，「債券価格が低下すると利回りが上昇する」ということになる。

| 利回り（金利）　↑　　債券価格　↓ |
| 利回り（金利）　↓　　債券価格　↑ |

第3節　先物取引
1　先物取引とは

先物取引（広義）とは，原資産を，将来のあらかじめ定められた期日に，あらかじめ定めた価格で売買することを現時点で約束する取引のことをいう。ここでいう原資産とは，株式，債券，通貨等の金融商品（金商法2条24項）の場合も，為替，金利，株価指数（index）といった金融指標（金商法2条25項）の場合もある。このうち，

---

[4] より厳密な無リスク金利として，OIS（オーバーナイト・インデックス・スワップ＝翌日物と呼ばれる期間1日の金利を複利計算したものを変動金利として用いるスワップ）のレートを用いるケースもあるようである。田渕直也『デリバティブのすべて』86頁参照。

取引所で行われる先物取引を狭義の先物取引（フューチャー，futures），取引所以外のOTC（店頭）で行われる取引を先渡取引（フォワード，forward）という。

先物取引のうち，商品先物（commodities futures）は商品先物取引法によって規制されるが，本司法研究の対象である金融先物（financial futures）は金商法によって規制されている。

	先物（フューチャー）	先渡（フォワード）
金融商品	金商法2条21項1号	金商法2条22項1号
金融指標	金商法2条21項2号	金商法2条22項2号

2 先物取引によるヘッジ

(1) 為替の場合

まず，為替リスクのヘッジを例にすると，例えば，輸出企業が1年後にドル建ての収益10万ドルを見込んだ事業計画を立てる場合に，現在の為替レート（「スポットレート」という。）である1ドル＝100円からドル安（円高）に振れると，円貨ベースの収益は減少し，事業収支が悪化してしまう。そこで，1年後に10万ドルを950万円（つまり1ドル＝95円のフォワードレート[5]）で売る取引を現時点で契約してしまう（ドルの先物の売り）。これは，1年後の為替レートを現時点で当事者間で決めてしまうということであり，「為替予約」と呼ばれる。この為替予約をしておくことで，1年後の10万ドルがドル安のためにどれだけ目減りしていようが（例えば1ドル＝80円になっていれば800万円相当にしかならない。），その10万ドルを950万円で売ることができ，円貨ベースでの収益を確定することができる。

ただし，ドル高（円安）が進行した場合，1年後の10万ドルのキャッシュフローによるドル高メリットを享受できていたはずなのに，それを放棄してしまっている点は，覚悟しなければならない。

以上はドル安（円高）ヘッジを意図する輸出企業の例で説明したが，ドル高（円安）リスクをヘッジしたい輸入企業は，逆にドルの先物を買っておけばよい。

(2) 金利の場合

金利でも考え方は同じである。1年後に1億円，3か月間の資金を調達する必要があるプロジェクトを計画している場合に，将来の金利上昇リスクをヘッジするニーズがある。そこで「1億円の元本（想定元本）に対する3か月ＴＩＢＯＲを原資産とする金利先物」[6]を売り建てておく。これによって，1年後にどんなに金利（Ｔ

---

[5] フォワードレート（上記の例では1ドル＝95円）は，理論値を勘案して市場で決められる数値である。この点はプライシングの項目で説明する。

[6] 具体的には，上場商品である「ユーロ円3か月金利先物」などがある。なお，「ユーロ円」とは，紛らわしい用語であるが，日本以外の市場（ユーロ圏に限らない。）で取引される円貨のこ

ＩＢＯＲ）が上昇していても，契約時に固定された利率（先物レート）に従った金利を支払うだけで，満期日レートの３か月ＴＩＢＯＲに従った金利を受け取ることができる（実際には差金決済が行われる。）。もちろん，先物レートよりも市場金利が低下していれば，逆に差損金を支払わないといけなくなるが，実際の調達金利が先物レートで固定されていることに変わりはなく，ヘッジの意図は実現できているのである。

3　先物取引の損益（ペイオフ）

先物取引の損益（ペイオフ，pay-off）をグラフ（ペイオフ・ダイアグラム，pay-off diagram）にすると，買い手の損益は右上がり，売り手の損益は右下がりの直線となる。先物においても，他の取引と同様，原資産（指標）が上昇すると読めば「買い」，下落すると読めば「売り」が行動原理となる[7]。

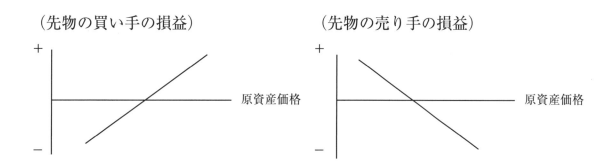

4　先物取引の特徴

先物取引の最大の特徴は，「契約は今，決済は先」という点にある。契約時に必要とされる資金は証拠金だけであり，資金効率がよい。例えば，上場債券先物の取引単位（１枚）は１億円であるが，イニシャルマージン（当初証拠金）は70万円〜400万円程度にすぎず[8]，このようなわずかな資金だけで，現物取引であれば１億円が必要な投資と同等の損益（キャッシュフロー）を実現することができる（レバレッジ効果）。これは，もちろん利益と損失の両面に作用する。

また，先物取引がオフバランス取引であり，バランスシートを無駄に大きくしないで済むこと，ゼロサム性を持った取引であること等は，デリバティブ全般に共通する特徴として，第１節１(3)（５頁）で述べたとおりである。

とであり，為替（円／ユーロ）とは関係ない。
[7] 金利先物においては，金利指標は「100－金利％」で表される。したがって，金利の上昇は金利指標の下落となる。これは，金利上昇によって債券価格が下落することと平仄を合わせ，金利指標の騰落と債券価格の騰落の方向を一致させるためである。
[8] 藤巻健史『藤巻健史の実践・金融マーケット集中講義〔改訂新版〕』217頁

5　上場先物取引（フューチャー）

(1) 先物取引は，通貨（為替）を除くと，基本的に取引所取引が大勢を占めており，そのうち，①株価指数先物の代表的なものが「日経225先物」と「ＴＯＰＩＸ先物」，②債券先物の代表的なものが「長期国債先物」，③金利先物の代表的なものが「ユーロ円３か月金利先物」である（主要商品の取引データは，第３章第２節２の表（81頁）「金融商品取引所」を参照されたい。）。

(2) 取引所で取引される上場商品は，原資産，取引数量，満期等が規格化されているレディメイド商品である。例えば，長期国債先物取引では，額面１億円，クーポンレート６％，期間10年という架空の国債（標準物）を原資産とし，先物の受渡日を３月，６月，９月，12月（これを「限月（げんげつ）」という。）のいずれかの20日としている。なお，上記のような取引単位（１枚１億円）では，個人投資家が参加しにくいことから，取引単位を小さくした商品（「日経225mini」，「ミニ長期国債」等）の取扱いも行われるようになっている。

満期における決済方法は，長期国債先物では現物決済[9]が行われるが，株価指数先物と金利先物では現金（差金）決済が行われる。

(3) 先物取引は，満期まで待って決済するほかに，当初取引と反対の売買（買い→売り〔転売〕，売り→買い〔買戻し〕）を行うことで期日前の差金決済をすることができる。これにより先物ポジションは解消され，取引は「手仕舞い」となる。

なお，ここで「ポジション」(position)という言葉を使ったが，重要な概念なので補足しておきたい。デリバティブ取引の開始から決済までの間の，将来のキャッシュフローに係るリスクを負った状態を「ポジション」と呼び，「未決済残高がある状態」と言い換えることもできる。特に先物取引においては，「建玉」（たてぎょく）とか単に「玉」（ぎょく）ということもある。ポジションを持つということはリスクを負うということであるが，ポジションを取らなければ収益もあり得ない。

6　店頭先渡取引（フォワード）

通貨（為替）を原資産とする上場商品は日本の取引所にはなく，為替予約は基本的に相対の店頭（ＯＴＣ）取引として行われる（なお，現物決済の為替予約は通貨の売買であり，金商法上のデリバティブ取引には該当せず，差金決済によるものが該当する。）。

金利を原資産とする場合に，取引条件の規格化されたレディメイド商品として金利先物が存在することは前述したが，当事者で任意に取引内容を決定できるテーラーメイド商品として，ＦＲＡ (forward rate agreement) がある。想定元本を自由に設定できるほか，例えば，７月２日から８月28日までの金利を対象とするようなことが自在にできる。

---

[9] 長期国債先物の原資産である「標準物国債」は架空のものであることは前述したとおりである。このため，一定のルールで現存する債券に置き換えて受渡しを行う。

第4節　スワップ取引[10]

1　スワップ取引とは

「スワップ取引」とは，当事者が合意した客観性のある任意の指標を参照して決定されるキャッシュフロー（損益）を交換する取引であり，取引に係る契約時点では，将来交換すべきキャッシュフローの計算方法並びに交換の期間及び時期をあらかじめ合意しておくこととなる。スワップ取引は相対取引が中心であり，業者と一般顧客の取引のみならず，業者同士の取引としても盛んに行われている。

なお，クレジット・デフォルト・スワップ（CDS）等もスワップ取引に分類されることもあるが，特殊な性格のものであることから，「その他のデリバティブ取引」として第6節（35頁）で取り上げることとする。

2　金利スワップ取引

(1)　金利スワップ取引の概要

金利スワップ取引（interest rate swap）は，同一の通貨を元本とする金利を交換するスワップ取引であり，あらかじめ定めておいた交換時期において，交換すべき金利額を計算した上で，これを交換するというものである。したがって，金利スワップ取引に当たっては，取引当事者において，交換すべき金利額を計算するための元本と金利（金利の定め方を含む。）をあらかじめ合意しておく必要がある。ただし，同一通貨間での金利交換である金利スワップ取引においては，元本そのものを交換する意味がないため，元本の交換は行われず，金利のみの交換が行われる。それ故，交換すべき金利額を計算するための元本は，「想定元本」(notional principal, notional amount) と呼ばれている。

金利スワップ取引では，一方当事者が固定利率に基づく金利（固定金利）を支払い，他方当事者が変動利率に基づく金利（変動金利）を支払うという取引が基本形であるが，先に見たように（第2節（10頁）），変動金利には幾つかの種類があることから，異なる種類の変動金利を交換するという取引もある。

(2)　金利スワップ取引の実際

ア　金利スワップ取引の典型は，固定金利と変動金利とを交換する取引であり，最も多く利用されている基本的なタイプの取引であるため，このような金利スワップ取引は，「プレーン・バニラ」(plain vanilla) と呼ばれている（アイスクリームの最もスタンダードな味に例えた呼び方である。）。また，このタイプの金利スワップにおいて，固定金利を受け取り，変動金利を支払う側の当事者を「レシーバー」(receiver) といい，固定金利を支払い，変動金利を受け取る側の当事者を「ペイヤー」(payer) という。すなわち，固定金利を基準として，これを受

---

[10]　本節の全体を通して，杉本浩一＝福島良治＝若林公子『スワップ取引のすべて〔第5版〕』（金融財政事情研究会・2016年），可児滋＝雪上俊明『デリバティブがわかる（日経文庫）』（日本経済新聞出版社・2012年）を参照した。

け取る側の当事者を「レシーバー」，支払う側の当事者を「ペイヤー」と呼び，レシーバーとして行う金利スワップ取引を「レシーバースワップ」，ペイヤーとして行う金利スワップ取引を「ペイヤースワップ」という。また，あらかじめ定められる固定金利を「スワップレート」（swap rate）という。

プレーン・バニラの金利スワップ取引の具体例として，取引期間を5年間（金利の交換時期を年2回），想定元本を10億円，X社（ペイヤー）がY銀行（レシーバー）に支払う固定金利の利率（スワップレート）を2％，Y銀行がX社に支払う変動金利を6か月ＬＩＢＯＲ（以下「6mＬＩＢＯＲ」と表記することもある。）とする取引を考えてみる。この取引の場合，X社はY銀行に対し，各金利交換時期に1000万円（1,000,000,000円×0.02÷2）の固定金利を支払い，Y銀行から6か月ＬＩＢＯＲを指標とする変動金利を受け取ることになる。仮に6か月ＬＩＢＯＲが0.5％であったとすると受取利息は250万円（1,000,000,000円×0.005÷2）となるため，X社はY銀行に対し差し引き750万円を支払うことになる（後記キャッシュフロー図参照）。

イ　事業者が金融機関とプレーン・バニラ・タイプの金利スワップ取引を行う目的は，主に変動金利での借入れとの組合せによる実質的な金利固定化及びこれによる変動金利上昇のリスクヘッジにある。すなわち，事業者が金融機関から短期プライムレートやＬＩＢＯＲ等の変動金利ベースの借入れをしている場合，事業者は，金融機関に対し，借入金元本に変動金利を乗じた金利を支払うことになり，変動金利が上昇した場合に，支払利息が上昇するリスクがある。そこで，金融機関との間で金利スワップ取引を行い，「固定金利を支払い，変動金利を受け取る」ことによって，借入れに基づく変動金利の支払が，金利スワップ取引に基づく変動金利の受領によって相殺され，事業者は固定金利での資金を調達したのと同様の経済的効用を得ることができる。

この関係を，前記事例を基に説明すると以下のとおりである。前記事例において，X社が，金利スワップ取引の契約締結当時，別の銀行から変動金利で10億円を6か月ＬＩＢＯＲ＋2％で借り入れていたとする。この場合，6か月ＬＩＢＯＲが0.5％であったとすると，X社の借入金に対する利率は2.5％となるから，支払利息は半年当たり1250万円となる。これに金利スワップ取引においてY銀行に支払うべき固定金利1000万円を加えると，X社の支払利息は合計2250万円となる。反対に，X社がY銀行から受け取る変動金利は250万円となるから，その差額は2000万円となる。そうすると，借入金10億円に対し，半年間の利息が2000万円に固定されたことになり，年利に直すと実質的に4％で固定されたことになる。したがって，X社としては，6か月ＬＩＢＯＲが2％を超える場合には，金利スワップ取引の恩恵を受けるという関係に立つ。言い方を変えれば，X社は，6か月ＬＩＢＯＲが2％を超えるリスクをヘッジしたことになる。

【金利スワップ（プレーン・バニラ）のキャッシュフロー】

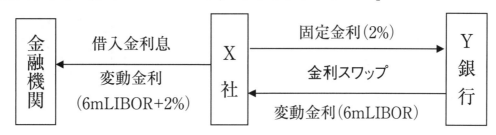

上記の関係を表に示すと以下のとおりであり（金利額は半年分），6か月LIBORが上昇していっても，受け取ることができる変動金利も上昇するため，差引金額は不変となる。なお，本事例では，借入金額と想定元本の金額を同一とし，借入金利と金利スワップ取引における変動金利の種類を同一としていることから，2％を超える金利上昇のリスクを完全にヘッジすることができる（フルヘッジ）。ただし，必ずしもかかるヘッジ方法が採られるわけではなく，想定元本を借入金額より小さくすることや金利スワップの契約期間を借入期間よりも短くすることによりヘッジの範囲を限定することもある（一部ヘッジ）。なお，金利スワップ取引における変動金利の種類が借入金利息の基準となる変動金利の種類（例えば短期プライムレート）と異なる場合もある。その場合，それらの変動金利が異なる動きをすることによりヘッジの効果が十分に得られないというリスク（ベーシスリスク）が発生することになる。

6mLIBOR	借入金利息（支払）	スワップ取引		差引
		固定金利（支払）	変動金利（受取）	
0.5%	¥12,500,000	¥10,000,000	¥2,500,000	¥20,000,000
1.0%	¥15,000,000	¥10,000,000	¥5,000,000	¥20,000,000
1.5%	¥17,500,000	¥10,000,000	¥7,500,000	¥20,000,000
2.0%	¥20,000,000	¥10,000,000	¥10,000,000	¥20,000,000
2.5%	¥22,500,000	¥10,000,000	¥12,500,000	¥20,000,000

ウ 上記の例において，X社との間の金利スワップ取引によりレシーバーポジション（固定金利受取・変動金利支払）を持つこととなった金融機関（＝Y銀行）は，他の金融機関（＝Z銀行）との間でペイヤースワップ（固定金利支払・変動金利受取）を行うことにより，ポジションリスクをヘッジすることがあり，このような取引を「カバー取引」という（下図参照）[11]。

---

[11] ただし，金融機関は，個別の金利スワップ取引についてカバー取引を行うこともあるが，マーケットメーカーと呼ばれるような大手金融機関では，当該金融機関の持つ総体的なポジションについて必要な範囲でカバー取引を行ったり（このようなヘッジ方法を「マクロヘッジ」という。），あるいは，あえてポジションを残す場合もある。

【カバー取引を含むキャッシュフロー】

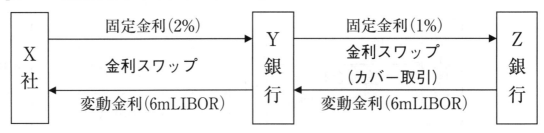

　例えば、Y銀行がZ銀行との間で、想定元本を10億円とし、Z銀行に対して支払う固定金利（スワップレート）を1％とし、Z銀行から受け取る変動金利を6か月LIBORとするカバー取引を行った場合、Y銀行は、LIBORの変動いかんにかかわらず（変動金利は受取ポジションと支払ポジションが反対取引の関係になり相殺されるため）、固定金利の差（スプレッド）に相当する1％の利ざやを稼ぐことができることになる。Y銀行の立場でみると、Z銀行との間で成約したスワップレート（1％）が調達金利、X社との間で成約したスワップレート（2％）が運用金利ということになる。両者の差（スプレッド）は、X社とY銀行の信用力の違い、Y銀行としての販売コスト等が反映されたものにほかならない。

エ　金利スワップ取引の具体的な活用例としては、他にも以下のようなものがある。
　例えば、金融機関は、一般に短期の預金で調達して、これを中長期の貸付けに回して運用することが多いが（順イールドではこの方が利ざやを稼げる。）、金利上昇局面では調達金利の上昇を中長期の固定貸出金利に転嫁できないという弱点がある。そこで、金融機関は、ペイヤースワップ（固定金利支払・変動金利受取）を組むことにより、実質的に調達と運用の構造を転換させ、金利上昇リスクをヘッジすることができる。これは、ＡＬＭ（Asset Liability Management）と呼ばれる金融機関の重要なリスク管理手法の一つである。
　また、固定利付債を有する者が、先行き金利が上昇すると予測し、金利上昇による固定利付債の時価減少リスクをヘッジしたいと考えた場合、固定金利を支払い、変動金利を受け取る金利スワップ取引（ペイヤースワップ）を行うことにより、金利が上昇した場合に、金利スワップ取引の時価が上昇して固定利付債の時価減少分をカバーすることができる。このように、金利スワップ取引は、自らの資産・負債そのものを変動させないで、当該資産・負債に係る金利とは異なるタイプの金利に、市場実勢に応じて置き換えることができることから、金融機関を含め、最も多く活用されているデリバティブ取引である。

(3)　金利スワップ取引の種類
ア　先スタート型
　金利スワップ取引において、金利交換時期を契約締結後、一定期間先にするものを「先スタート型」といい、契約締結時から開始するものを「スポットスター

ト型」という。

変動金利の上昇リスクをヘッジするための金利スワップ取引において，ペイヤーが，当面，変動金利の上昇はないと予測した場合，先スタート型を選択することが考えられる。ただし，金利スワップの取引期間が同じであっても，先スタート型とスポットスタート型では，適用されるスワップレートが異なってくるため，先スタート型のスワップレートがスポットスタート型よりも高い場合には，当面の金利上昇がないと考えた場合であっても，先スタート型が有利であるとは限らない。

イ　想定元本が増減する金利スワップ取引

上記で説明したような取引期間中に想定元本が変動しない金利スワップ取引を「ブレット」（bullet）という。しかし，取引期間中に，ヘッジの対象としていた借入債務について，返済により元本が減少していくことが想定される場合もある。このような場合に，想定元本を変動させないままとなると，負っていたリスクを超えるヘッジを行うことになる（このような場合を「オーバーヘッジ」という。）。そこで，取引期間中に，ヘッジの対象となった借入元本の償還と合わせて想定元本を減少させ，借入元本に合わせた金利上昇リスクのヘッジを行う金利スワップ取引もあり，このような取引を「アモチ（ゼーション）（amortization）付きスワップ」とか「アモタイジングスワップ」（amortizing swap）などという。逆に，想定元本が増加していく取引もあり，そのような取引を「アキュム（レーション）（accumulation）付きスワップ」などという。

ウ　スワップション

「スワップション」（swaption）とは，「スワップ」（swap）と「オプション」（option）の合成語で，スワップ取引を原資産としたオプション取引である。スワップションの買い手は，売り手からスワップションを購入することにより，その売り手との間で，あらかじめ定められた期日に，あらかじめ定められた条件で金利スワップ取引を開始する権利を有することになる。ただし，スワップションの買い手は，売り手に対し，その権利の対価としてオプション料を支払わなければならない。

例えば，X社が，オプション期間2年，想定元本10億円，取引期間5年，金利支払日6か月ごと，X社の支払う固定金利を2％，Y銀行の支払う変動金利を6か月LIBOR，オプション料1％でスワップションの取引をY銀行との間で行った場合を考えてみる。この場合，X社は，契約締結の際にオプション料として1000万円を支払う代わりに，契約締結から2年後に，その当時の金利状況（スワップレートの値）に基づいて上記条件で金利スワップ取引を行うのが有利かどうかを判断し，有利と考えた場合にはオプションを行使した上，上記条件で金利スワップ取引を開始し，不利と考えた場合にはオプションを行使せずに金利スワップ取引を開始しないことができる。

なお，上記のようにペイヤー側（固定金利を支払う側）がスワップションを有する場合を「ペイヤーズ・スワップション」（payer's swaption），反対にレシーバー側（固定金利を受け取る側）がスワップションを有する場合を「レシーバーズ・スワップション」（receiver's swaption）という。

【スワップションのキャッシュフロー】

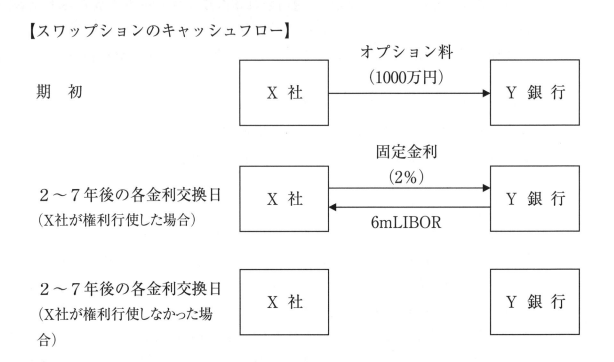

エ　キャップとフロア
　「キャップ」（cap）及び「フロア」（floor）は，金利を原資産とするオプションの一種である。オプションの買い手は，売り手に対してオプション料を支払う代わりに，期間ごとの対象金利が，定められた水準（「ストライク」という。）より高い場合（キャップ）又は低い場合（フロア）に，対象金利とストライクとの金利差分を売り手から受け取ることができる。
　キャップの具体例を示すと，X社が，想定元本10億円，期間5年，期日6か月ごと，対象金利6か月ＬＩＢＯＲ，ストライク5％，オプション料1％で，Y銀行との間でキャップの取引を行った場合，X社は，契約締結時に1000万円を支払う代わりに，5年間の取引期間中の期日において，6か月ＬＩＢＯＲがストライクを超える6％であった場合，ストライクとの差額である1％の6か月分である500万円を受け取ることができ，他方，6か月ＬＩＢＯＲが5％以下の場合には金利の授受は発生しない。仮にX社が10億円を変動金利で借り入れていた場合，金利キャップを購入することにより，取引期間中の金利上昇リスクの上限を画することができる（ただし，上限利率は，オプション料を年率に換算したものがストライクに上乗せされることが多い。）。
　フロアはこれと逆に，変動利付債などの受取利息の下限を画することを意図するものである。

【キャップのキャッシュフロー】

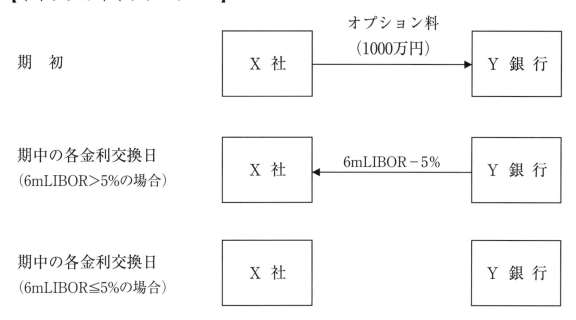

3　通貨スワップ取引

(1) 通貨スワップ取引の概要

　通貨スワップ取引（currency swap, cross currency swap）は，異なる通貨間の元本及び金利を交換する取引である。金利スワップは同一通貨間での金利交換であるため，元本の交換に意味がないことから省略されていたが，通貨スワップは異種通貨間での交換であることから，金利だけでなく元本自体の交換にも意味が発生する。ただし，必ず元本の交換がなされるというものではなく，異種通貨間での金利のみの交換がなされることもあり，このような取引を「クーポンスワップ」（後述）という。

(2) 通貨スワップ取引の実際

　通貨スワップ取引の典型は，期初に元本を交換した上で，期中及び期末の金利交換日に，受領した元本に対する金利を支払い，期末に元本を返還するというものである（現実に元本を交換するので「想定元本」とは言わない。）。交換する金利は，異種の変動金利を交換するものが基本であるが，変動金利と固定金利，固定金利と固定金利を交換するものもある。

　具体例を用いて説明すると，取引期間の最初にX社がY銀行に対して100万ドルの元本を支払って，Y銀行から1億1000万円の元本を受け取り，取引期間中，毎年2回の定められた日に，Y銀行に対して1億1000万円に対する2％の固定金利を支払って，Y銀行から100万ドルに対するドル6か月ＬＩＢＯＲを受け取り，期末に1億1000万円の元本を支払って100万ドルの元本を受け取るという取引が考えられる。

【通貨スワップのキャッシュフロー】

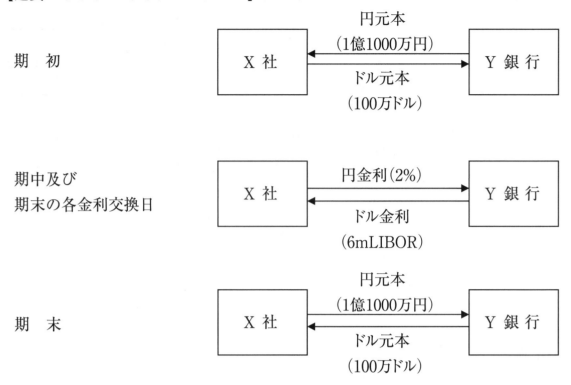

(3) 通貨スワップ取引の目的

　通貨スワップ取引は，為替リスクをヘッジする目的で行われるものである。上記の具体例でいえば，Ｘ社が100万ドルの外貨建債券を発行し，利息債務を6か月ＬＩＢＯＲの変動金利で負担していた場合，期初に100万ドルを支払って1億1000万円を受け取ることにより，外貨建債券の元本を1億1000万円に置き換えることができる。そして，期中に円金利を支払ってドル金利を受け取ることにより，外貨建債券の支払利息を円金利に置き換えることができる。さらに，期末に1億1000万円を支払って100万ドルを受け取ることにより，100万ドルの外貨建債券を償還することができる。

　このように，通貨スワップを利用することにより，外貨建債券の発行者が，これを実質的に円建債券に置き換えることができる。そして，例えば，Ｘ社が先行きの為替レートがドル高・円安の方向に進むと予想した場合，円建債券に置き換えることにより，円安による為替リスクをヘッジすることができる。

(4) クーポンスワップ

　クーポンスワップ（coupon swap）は，一般的に「元本交換を行わない通貨スワップ」と定義されるものである。例えば，想定元本（元本の交換を行わないので「想定元本」という。）を1億1000万円及び100万ドルとし，2年間の毎年2回の定められた日にＸ社が日本円元本に対する固定金利を支払って，Ｙ銀行からドル元本に対する6か月ＬＩＢＯＲの変動金利を受け取るというものである。

　このようなクーポンスワップのうち，双方の支払金利が固定金利で定められるものについては，実質的に為替予約と同じ効果となる。例えば，上記の事例で，Ｘ社

が受け取るドルに対する金利を2％の固定金利とした場合，期中の各金利交換日にX社が支払う金利は110万円，受け取る金利は1万ドルとなるから，X社から見れば，1ドル110円の為替レートで1万ドルを購入するのと同じ結果になる。そして，為替予約の中でも，期間中の為替レートが一定となっている「フラット為替予約」と呼ばれる為替予約については，固定金利同士のクーポンスワップとほぼ同じ取引となる。

【固定金利同士のクーポンスワップのキャッシュフロー】

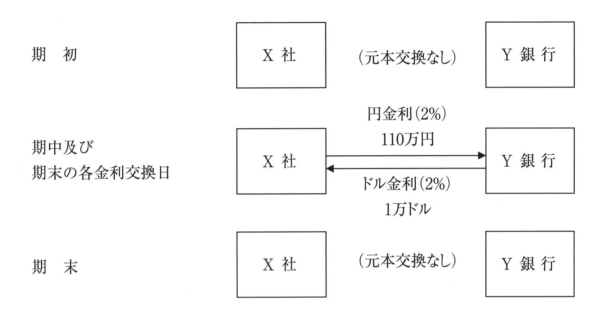

第5節　オプション取引
1　オプション取引とは

　オプション取引とは，一般に，ある商品（原資産）を，あらかじめ定められた将来の一定の時期において，あらかじめ決められた価格（「権利行使価格」，「ストライク・プライス」と呼ばれる。）で買い付け又は売り付ける権利の取引をいう。なお，ここでいう「原資産」が，いわゆる現物（債券，通貨，株式等）だけでなく，指標を含む概念であることは，前記第1節2⑷（8頁）で述べたとおりである。

　さて，この原資産を買い付けることのできる権利を「コール・オプション」（call option），売り付けることのできる権利を「プット・オプション」（put option）という。このような権利（オプション）を，対価を支払って取得するのが「オプションの買い取引」であり，その相手方として，対価を受け取ってオプションを付与するのが「オプションの売り取引」である。このオプションの対価は，「オプション料」とか「プレミアム（premium）」などと呼ばれる（「プレミアム」という用語は，特別な価値が上乗せされる場合に用いられることが多いが，ここではそのような意味合いは全くない。誤解を避ける意味で，以下では原則として「オプション料」の用語を用いる。）。

つまり，オプション取引とは，オプションという権利の売買であり，その代金がオプション料ということになる。ここで肝心なのは，オプションを取得した者は，その権利行使をするかどうかの選択権を持っているということであり，これが文字どおり「オプション」と呼ばれるゆえんである。

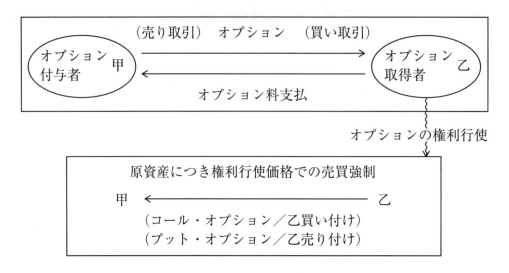

2　オプション取引の基本

　オプション取引の損益（キャッシュフロー，ペイオフ）について，A社株式を原資産とするコール・オプション（甲＝買い，乙＝売り）を例に説明する。

　現在，A社株式の市場価格は100万円であるが，満期日を3か月後，権利行使価格を110万円，オプション料を5万円とするコール・オプションの取引を想定する（下表参照。なお，下表の損益は甲からみたものである。）。

		キャッシュフロー	ネット損益
契約時	（オプション料）	−5万円（①）	
満期時ケースA	120万円に上昇	120万円−110万円＝10万円（②）	①＋②＝5万円
満期時ケースB	150万円に上昇	150万円−110万円＝40万円（③）	①＋③＝35万円
満期時ケースC	110万円以下	権利放棄±0円（④）	①＋④＝−5万円

　まず，取引に当たり，オプション取得者（甲）は相手方（乙）にオプション料5万円を支払う必要がある。3か月後に，A社株式が120万円に値上がりしていたとすれば，甲は，オプションの権利行使をし，乙に対し，110万円でのA社株式の売買（甲買い，乙売り）を強制することができる。そうすると，乙は市場でA社株式を120万円で調達して甲に110万円で売却することを余儀なくされ，他方，甲は乙から110万円で購入

したA社株式を直ちに120万円で転売できることになる（実際には、乙が甲に10万円を支払う差金決済で処理することもあろう。）。その結果、甲は、決済時収益10万円と最初に支払った５万円のオプション料の差額である５万円の利益を得たことになる（ケースＡ）。Ａ社株式が更に高騰していれば、甲の得る利益もこれに応じて増大する（ケースＢ）。仕組みとしての上限はなく、これを「理論上無限大のリターン」という。オプションの付与者である乙の損益はその逆であり、最初にオプション料を手にしているものの、原資産の価格が権利行使価格を超えた場合、その差額に応じた損失を被ることになる。すなわち、「理論上無限大のリスク」である（ただし、プット・オプションの売りでは、株価ゼロで損失の拡大は打ち止めになるので、「理論上無限」ではない。）。

　他方、満期日にＡ社株式が権利行使価格110万円を超えなかった場合、甲は、オプションを行使する理由がないので、これを放棄する（ケースＣ）。オプションはいわば紙くずとなったわけであるが、Ａ社株式がどんなに下落していても、甲の損失は最初のオプション料の範囲に限定されており、ここにオプション取引の最大の眼目がある。

　例えば、甲が乙からＡ社株式を３か月後に110万円で買い建てる先物取引をした場合と比較すると分かりやすい。110万円を超えて値上がりした場合の決済時損益（ペイオフ）はオプション取引と同じであるが、原資産の価格が約定価格（権利行使価格／先物価格）を下回った場合、先物取引では、甲はその差額に応じた損失を免れないのに対し、オプション取得者は、権利放棄をすることで損失を免れている。すなわち、甲（オプション取得者）は、オプション料という一種の保険料を支払うことで、権利行使価格を下回った場合のリスクを回避しているのであり、乙（オプション付与者）はそのような保険を引き受けている[12]ということができる。

３　オプション取引の損益図

　上記２では、コール・オプションを例に挙げたが、オプション取引には、コール・オプションの買い取引と売り取引、プット・オプションの買い取引と売り取引の４種類の類型がある。それぞれの損益（満期時までに発生するキャッシュフローの出入り、すなわちペイオフ）の構造を図示したのが、下記の損益図（ペイオフ・ダイアグラム）である。理解しておくべきポイントは、①先物取引の損益が右肩上がり（買い建て）又は右肩下がり（売り建て）の一直線であるのに対し、オプション取引では、取得者の損失（付与者の利益）が一定の水準に制限されていること、②最初にオプション料の授受があるため、オプション取得者は、決済時収益を上げることができても、オプション料分は利益が減殺されることである。

---

[12] ここで「保険」、「保険料」といっているのは、比喩的な表現であって、保険法上の「保険」、「保険料」を意味するものではない。

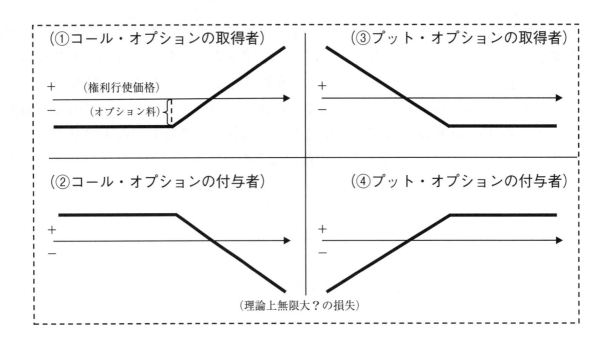

　なお，初歩的なことではあるが，コール＝買い，プット＝売りという意味は，オプションの買い，オプションの売りとは，全く別次元の問題であり，これを混同してはならない。前者は，原資産の値上がりと値下がりのいずれで利益を得るか（損失を被るか）という問題であり，両者の違いは，損益図上では左右の鏡面対称として現れる（①と③，②と④の関係）。後者（オプションの買いと売り）は，損益図では上下の鏡面対称として現れる（①と②，③と④の関係）。これは，対立当事者の損益のゼロサム性を意味するものにほかならない。

4　オプション取引の特徴

(1)　オプションの買い取引について

　オプションの購入者は，原資産の現物を買い付ける場合よりも，はるかに低額のオプション料を支払うだけで，原資産の価格変動による利益を獲得することが可能となっている。すなわち，資金効率がよく，レバレッジ効果が大きい。これは，デリバティブ全体に共通する特徴であり，バランスシートを無駄に大きくする必要がないことを含め，デリバティブ一般について述べたところ（前記第1節1(3)(5頁)）がそのまま当てはまる。

　他方，オプション取引に特有の特徴として，原資産の価格変動が予想と逆目に動いた場合でも，オプションを放棄することで，損失をオプション料の範囲に限定することができる。これこそがオプション取引の眼目である。

(2)　オプションの売り取引について

　オプションの売り取引は，保険料としての実質を持つオプション料を取得して，保険を引き受けるという基本的な性格を有するものであり，その特徴を正確に理解しておくことは，デリバティブの基本中の基本である。重要な点であるから繰り返しをいとわずに再説すると，①オプション料を確定的に取得できる代わりに，原資

産価格の変動に伴うキャッシュフローという点では、一方的にリスクだけを引き受けることになること、②前者の利益は一定額に制限されるが、後者の損失は理論上無限に拡大する可能性があることを正確に理解しておく必要がある。このように、オプションの売りのリスク（保険の引受け）とリターン（オプション料の取得）は、その性格が非対称的なものであるが、経済的には両者は等価になっているのである（デリバティブのゼロサム性）。なお、投機性の高い仕組債等の金融商品には、何らかの形態でのオプションの売り取引が内包されているといってよく、そのことには留意が必要である。

5　オプションに関する基本用語

(1)　イン・ザ・マネー（ITM）、アウト・オブ・ザ・マネー（OTM）、アット・ザ・マネー（ATM）

　ある時点において原資産価格と権利行使価格が一致しているオプションを「アット・ザ・マネー（ATM）」（at the money）といい、それよりも権利行使側に有利な状態を「イン・ザ・マネー（ITM＝in the money）、権利行使側に不利な状態をアウト・オブ・ザ・マネー（OTM＝out of the money）という（下表参照）。

	イン・ザ・マネー	アウト・オブ・ザ・マネー
コール	現在の価格＞権利行使価格	現在の価格＜権利行使価格
プット	現在の価格＜権利行使価格	現在の価格＞権利行使価格

　なお、アウト・オブ・ザ・マネーの中でも、現在の価格と権利行使価格のかい離が著しい状態を、ディープ・アウト・オブ・ザ・マネーということがある。オプション料は、ITMのオプションよりもOTMのオプションの方が安く、ディープ・アウト・オブ・ザ・マネーは極めて安い（感覚的に理解してもらえると思う。）。

(2)　ボラティリティ

　原資産の変動率を「ボラティリティ」（volatility）といい、通常、年率換算で％表示する。

　実際のオプション料は需給等に基づき市場で決められるが、ブラック＝ショールズ・モデルで複製するとすれば、オプション料の決定要因は、①原資産価格、②権利行使価格、③満期までの期間、④短期金利、⑤ボラティリティの5つであるが、このうちの①、④はアプリオリに与えられる前提、②、③は当事者が任意に決定できる条件であり、ボラティリティだけが未知数であるから、オプション取引においては、どのようなボラティリティを用いるかがポイントになる。

　ボラティリティを求めるアプローチとして、「ヒストリカル・ボラティリティ」（historical volatility）と「インプライド・ボラティリティ」（implied volatility）がある。前者は、過去の一定期間の原資産の変動データから求めた実績値であり、

後者は、マーケットで実際に取引されているオプション価格を基に、ブラック＝ショールズ・モデルなどを用いてボラティリティを逆算したものである。単純なオプション取引においては、市場で観察されるインプライド・ボラティリティを用いたオプション料が提示されることが多い。

(3) ロング、ショート

　オプションを買った状態を「ロング（ポジション）」(long)、売った状態を「ショート（ポジション）」(short) という。なお、動詞としてのオプションの売りは「ライト」(write) という。

(4) ヨーロピアン・オプション、アメリカン・オプション

　満期日にしか行使できないオプションを「ヨーロピアン・オプション」(European option)、満期までのいつでも行使できるオプションを「アメリカン・オプション」(American option) という。なお、行使時期が満期までの複数時点であるものを「バミューダ・オプション」(Bermudan option) というが、これは、ヨーロッパとアメリカの中間に位置するバミューダ諸島からの命名である。上場オプションはヨーロピアン・オプションかアメリカン・オプションのいずれかであり、バミューダ・オプションは、後述するエキゾチック・オプションの一つである。

6　オプションの合成と戦略

　オプションと現物の組合せ、オプションと先物の組合せ、コールとプットの組合せ、ロングとショートの組合せ等により、自分の戦略に合うように自由にペイオフを合成することができる。その戦略は、合成された損益図によって視覚的に理解するのが有用である。以下に代表的なものをいくつか掲げる（以下の用語等は覚えなければならないようなものではなく、オプション戦略という概念を理解してもらえれば十分である。）。

(1) プロテクティブ・プット、カバード・コール

　これらは、現物とオプションを組み合わせて、投資家の意図する戦略的なポジションを合成するものである。

　「プロテクティブ・プット」(protective put) は、保有資産の下落リスクをヘッジするために、当該資産を原資産とするプット・オプションを買う戦略である（下記図表1参照）。オプション料を保険料として支払い、資産の値下がりリスクをヘッジしていることが分かる。

　「カバード・コール」(covered call) は、現物資産を保有する一方で、当該資産を原資産とするコール・オプションを売る戦略である（下記図表2参照）。基本的な狙いは、原資産の価格が権利行使価格に届かずにオプションは権利放棄されることを期待する相場観に基づき、オプション料を取りに行ったものであるが（現物の損益と比較してオプション料の分だけ利益のかさ上げがある。）、仮に、狙いとは逆に権利行使価格を超えて価格が上昇し、コールの売りで損失が発生しても、保有し

ている原資産をそのまま引き渡して損失を吸収することができるという考えである。

図表1（プロテクティブ・プット）

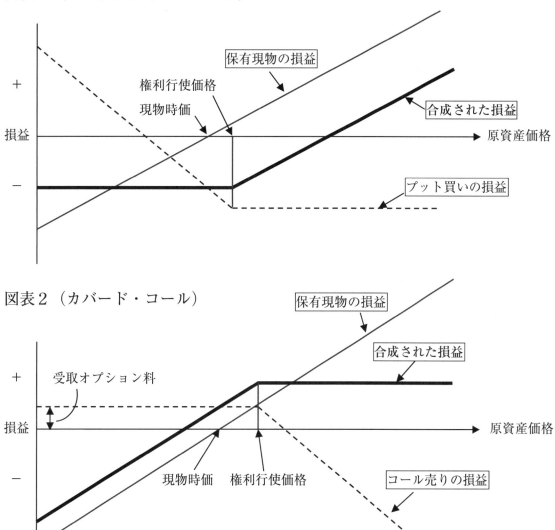

図表2（カバード・コール）

(2) 合成オプション

オプションをいくつか組み合わせて，それぞれの意図するキャッシュフローのパターンを合成することができる。その代表的なものを下記の図表に示す。このうちのストラングル（strangle, のど輪）とストラドル（straddle, 開脚）は，いずれも，「原資産価格が上がるか下がるか」という相場観に基づくものではなく，「ボラティリティが上昇するか低下するか」という相場観に基づく戦略である点に特徴がある。ボラティリティが上昇する（相場が大きく変動する）と読めばロング，低下する（こう着状態が続く）と読めばショートということになる。

ストラングル　　　　　　　　　　　ストラドル
　　　　ショート・ストラングル　　　　　　　　　　ショート・ストラドル

　　　　ロング・ストラングル　　　　　　　　　　　ロング・ストラドル

田渕直也『デリバティブのすべて』45頁より

7　店頭オプションの様々なメニュー

　これまでに述べてきた内容は、オプションのいわば基本形（「プレーン・バニラ」などという。）についてであるが、オーダーメイドの店頭（OTC）オプションにおいては、当事者の合意により個別のニーズに即した内容を付与することが可能である。その態様は多種多様で、無限のバリエーションがあるとも言われるが、以下に代表的なものを取り上げる。なお、下記(1)、(2)は基本的なオプションを組み合わせてパッケージ商品にしたものであるが、下記(3)以下はオプション自体の性格を変容させているものであり、「エキゾチック・オプション」（exotic option）といわれる。

(1)　ゼロコスト・オプション，ローコスト・オプション

　　種類や条件の異なるオプションの売りと買いを組み合わせることにより、本来双方の支払うべきオプション料を相殺してゼロにしたものを「ゼロコスト・オプション」（zero cost option）、オプション料の金額を削減したものを「ローコスト・オプション」（low cost option）という。

　　後記第4章第1節（88頁）「銀行による取引先事業者向けの為替デリバティブの販売」で取り上げる通貨オプションの紛争にはこのタイプのものが多い。輸入業務を取り扱う事業会社向けの「先行き円安リスクをヘッジする」ための商品として、権利行使価格が同じドルコール（円プット）の買いとドルプット（円コール）の売りを組み合わせて、契約時にはオプション料の支払が必要ないかわずかな支払で足りるようにした商品が大量に販売されたものである。パッケージ化されたゼロコスト・オプション、ローコスト・オプションは、「オプションの売り」を含むことに伴うリスクを的確に理解することが困難でトラブルを惹起しやすいという指摘もある。

(2)　レシオ

　　上記の例で、権利行使価格が同じドルコール（円プット）の買いとドルプット（円コール）の売りを組み合わせる際、前者を1単位、後者を2単位とするなど、売りのポジションと買いのポジションを異なる比率（レシオ，ratio）に設定することがある。売りのレシオが高いほどリスクは大きい（負けたときの損失の谷が深い）が、その代償として、権利行使価格を有利に設定するとか、あるいはゼロコストど

ころか逆にオプション料を受け取るポジションを作ることも可能になる。前述したとおり，デリバティブの損益は基本的にゼロサムなのであり，ある面で有利な条件を獲得するためには，それに見合うリスクを何らかの形で引き受けるほかないのである。

(3) ノックイン，ノックアウト

　プレーン・バニラ・オプションでは，満期における原資産の価格だけが問題で，それまでの価格変動の過程（経路，path）は問題とならないが，価格変動の経路に着目し，一定の価格（「バリア〔barrier〕価格」又は「トリガー〔trigger〕価格」という。）を突破することで権利が消滅してしまう条項（解除条件）を「ノックアウト（knock-out）」条項といい，権利行使が可能となる要件を定める条項（停止条件）を「ノックイン（knock-in）」条項という（ただし，一度ノックインしても，実際の権利行使時にＩＴＭ〔イン・ザ・マネー〕になっていない限りオプションの価値がゼロとなってしまい権利放棄で終わることは，通常の場合と同じである。）。ノックイン，ノックアウトの付されたオプションを総称して「バリア・オプション」（barrier option）ともいう。

　バリア価格を一度でも上回ることで（アップ），その時点で権利が消滅（アウト）してしまうものを「アップ・アンド・アウト」といい（図表(2)の①～③の経路がノックアウトの例である。），バリア価格を一度でも下回ることで（ダウン），初めて権利行使が認められる（イン）ものを「ダウン・アンド・イン」という（図表(1)の①～③がノックインした例であるが，最終的な権利行使が実現するのは①と②だけである。）。これらに「アップ・アンド・イン」と「ダウン・アンド・アウト」を合わせた4類型があることになる。

　バリア価格は，ＩＴＭ（イン・ザ・マネー）に設定されることも，ＯＴＭ（アウト・オブ・ザ・マネー）に設定されることもあり，それぞれの意味合いは異なってくる。ノックイン，ノックアウトとも，前述したゼロコスト・オプション，ローコスト・オプションをパッケージ商品にする際，これに投資する投資家が有利な条件を獲得するため，又は販売する金融機関側のショートポジションのリスクを低減させるために用いられている例が多いようである[13]（後述する第4章第1節（88頁）「銀行による取引先事業者向けの為替デリバティブの販売」の事例を参照のこと）。

---

[13] 顧客としては，相場が有利に展開している途中で取引が強制終了してしまうことになるが，気持ちよく利食って取引を終了できるという意味合いもある。

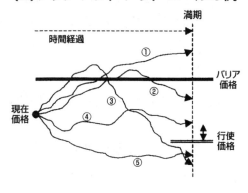

(1) ダウン・アンド・イン・プットの例　(2) アップ・アンド・アウト・コールの例

田渕直也『デリバティブのすべて』49頁より

(4) アベレージ・オプション（アジアン・オプション）

　満期における価格ではなく、期中の価格の平均と権利行使価格との差額を授受するものを「アベレージ・オプション」(average option) 又は「アジアン・オプション」(asian option) という。満期までの価格変動の経路に着目する点で、ノックイン、ノックアウトと同じ性格があり、このような性格を持ったオプションを総称して「経路依存型オプション」ということがある。

(5) バイナリー・オプション（デジタル・オプション）

　ペイオフを固定金額にしたものを「バイナリー・オプション」(binary option) 又は「デジタル・オプション」(digital option) という。最初にオプション料を払って、例えば100万円かゼロかという二者択一の勝負をするものである。

(6) レインボー・オプション、バスケット・オプション

　異なる種類の複数の原資産（銘柄）のうちのベストパフォーマンス（最大値上がりなど）又はワーストパフォーマンスを示した一つの原資産（銘柄）の変動率を採用してペイオフを決定するものを「レインボー・オプション」(rainbow option) という（例えば、原資産〔銘柄〕が7種類のものを「7色レインボー・オプション」などという。）。「バスケット・オプション」(basket option) は、上記の異なる種類の複数の原資産の全体のパフォーマンスに連動させてペイオフを決定するものである。これらを総称して「バスケット・タイプ」ということがある。

8　オプションの感応度分析

　各種のパラメータがオプションの価値をどう変化させるかという関係を感応度（センシティビティ、sensitivity）といい、これを測定・分析することで、オプションのリスク管理を行うことが可能となる。この感応度を示す指標は、次のギリシャ文字で表される（例えば、デルタは、原資産価格が1単位変化すると、オプション価値がどれだけ変化するかを示す指標である。）。

δ（デルタ）：原資産価格の変化→オプション価値の変化
ν（ベガ）：ボラティリティの変化→オプション価値の変化
θ（セータ）：時間の経過→オプション価値の変化
ρ（ロー）：金利の変化→オプション価値の変化
γ（ガンマ）：原資産価格の変化→デルタの変化
ω（オメガ）：原資産価格の変化率の変化→オプション価値の変動率の変化

　一例を挙げれば，デルタがリスク許容度を超えた場合に，原資産（現物）を購入するなどしてデルタを相殺し，ポートフォリオ（資産構成）全体としてデルタによる価値の変動を解消するといった手法（デルタ・ヘッジ）がある。

第6節　その他のデリバティブ取引

1　その他のデリバティブ取引の概要

　デリバティブの基本3類型が，先物（先渡），スワップ，オプションであることは前述したが，その後のデリバティブ取引の発展過程で，金利，為替，株価といった相場変動に係る市場リスクと関連のある指標のみならず，信用（倒産）リスク，天候，自然災害といった純粋リスクと呼ばれるものを指標とするものにも，対象が拡大している。その代表例はクレジット・デフォルト・スワップや地震デリバティブである。これらは，あらかじめ定めた事由の発生を原因として一方当事者の支払義務が発生するため，保険契約に類似するものであるが，損害保険のように保険事故によって損害が発生したことを立証する必要がなく，損害が発生していることさえも要件ではないという特色がある。

　これらの金商法上の位置付けであるが，クレジット・デリバティブは同法2条21項5号イ，22項6号イに，地震デリバティブは各同号ロに，それぞれ特別な類型のデリバティブとして規定されているが，天候デリバティブは指数先物の一種として同法2条22項2号，25項2号に規定されている。

2　クレジット・デリバティブ[14]

(1) クレジット・デリバティブの意義

　クレジット・デリバティブとは，国や企業の信用リスクそのものを取引の対象とするデリバティブ取引であり，これにより，原資産から信用リスクのみを切り離して，これをヘッジすることが可能となる。市場リスクを対象とする通常のデリバティブ取引でも，店頭（OTC）取引においては取引相手の信用リスク（カウンターパーティ・リスク）の問題が生ずることは後述（第8節4(2)(46頁)）のとおりであるが，

---

[14] 河合祐子＝糸田真吾『クレジット・デリバティブのすべて〔第2版〕』（財経詳報社・2007年）及び株式会社日本証券クリアリング機構のウェブサイトを参考にした。

これがいわば副産物として生ずるリスクであるのに対し，ここでの信用リスクは，それ自体を能動的に取引対象にしようとするものである。例えば，貸出債権や社債を保有する者が，その債権・社債を保有したまま，債務者・社債発行会社の信用リスクをデリバティブ取引の相手方に転嫁することができる。もちろん，この場合，デリバティブ取引の相手方に対しては，そのリスクに応じた対価を支払うことになる。

　もともと信用リスクをヘッジするための手段としては，貸出債権や社債を譲渡したり，債務保証を付けるという方法があったが，貸出債権や社債の譲渡の場合，譲受人には譲渡代金の支払義務が発生するし，債務保証も流動性に乏しいことに根本的な相違はない。これに対し，クレジット・デリバティブでは，金融市場を通して，貸出債権や社債といった原資産の構成を変化させずに，信用リスクのみを取り出して低コストでリスクヘッジをすることができ，また，貸出債権の履行期や社債の償還時期とは無関係に信用リスクを管理することができるため，機動的なリスク管理ができるというメリットがある。そこで，クレジット・デリバティブは，銀行，保険会社，証券会社において多く利用されている。

(2) ＣＤＳ（クレジット・デフォルト・スワップ）

　ア　ＣＤＳ取引の概要

　　クレジット・デフォルト・スワップ（credit default swap：以下「ＣＤＳ取引」ともいう。）は，典型的なクレジット・デリバティブであり，デリバティブの中では比較的新しい取引であるが，その取引規模は急拡大しており，金融の世界における存在感という点でも非常に重要な役割を果たすようになっている。ここでは，取引の対象として「プロテクション」（protection）という概念が用いられる。プロテクションとは，信用リスクを回避することを意味する概念であり，ＣＤＳ取引は，このプロテクションの売買を行う相対取引ということができる。

　　ＣＤＳ取引において，信用リスクを回避しようとする者を「プロテクションの買い手」（protection buyer），信用リスクを引き受ける者を「プロテクションの売り手」（protection seller）といい，プロテクションの買い手からプロテクションの売り手に対して支払われるプロテクションの対価を「プレミアム」（premium）という。また，プロテクションの対象とされた債務を「イベント対象債務」（obligation）といい，その債務の主体であるプロテクションの対象組織（企業等）を「参照組織」（reference entity）という。かかる用語を用いてＣＤＳ取引を再定義すると，ＣＤＳ取引は，プロテクションの買い手がプロテクションの売り手に対してプレミアムを支払う代わりに，参照組織についてクレジットイベントが発生した場合に，プロテクションの売り手に対してイベント対象債務について決済を求めることができる取引ということができる。なお，ここにいう「クレジットイベント」（credit event）とは，決済のトリガー（発動要件）となる参照組織の信用に関する事由をいう。

イ　ＣＤＳ取引の実際

　ＣＤＳ取引の具体例として，Ａ社の発行する10億円の社債を保有しているＸ社が，Ａ社の信用リスクをヘッジするために，当該社債をイベント対象債務，Ａ社を参照組織とし，プレミアムを年２％として，期間５年のプロテクションをＹ社から購入し，Ａ社についてクレジットイベントが発生した場合，当該社債を額面でＹ社に買い取ってもらうという取引を考えてみる。この場合，取引期間である５年間にＡ社にクレジットイベントが発生しなければ，Ｘ社にはＹ社に対する毎年2000万円のプレミアムの支払義務が発生するが，Ａ社の倒産などのクレジットイベントが発生した場合は，Ｘ社はＹ社に対してイベント対象債務である10億円の社債を額面で買い取ってもらうことができる。このように，クレジットイベント発生時にイベント対象債務を移転することにより決済を行う取引を現物決済（physical settlement）という。他方，上記事例で，決済時に社債の額面から時価評価額を差し引いた額を現金で決済する取引を現金（差金）決済（cash settlement）といい，現在では最も多く見られる決済方法である。なお，現金決済には，あらかじめ決済金額を定めておく定額による現金決済の方法もある。

【ＣＤＳ取引（現物決済型）のキャッシュフロー】

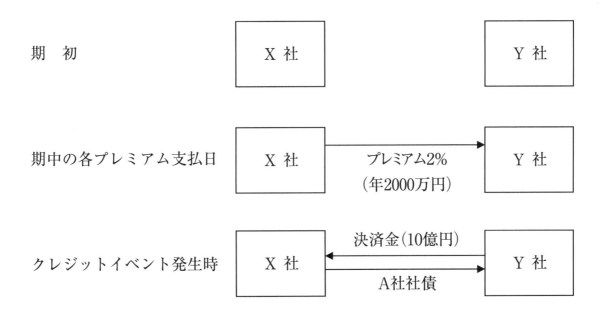

　上記の事例のように，参照組織が１社のＣＤＳ取引をシングルネーム（single-name）というが，複数の参照組織をバスケットとし，そのうちのいくつかにクレジットイベントが発生した場合に決済される取引も行われている（このうち，１社目のデフォルトで清算される取引を「ファースト・ツー・デフォルト型」〔first to default：「ＦＴＤ」〕という。）。

ウ　CDS取引契約の特徴

　　CDS取引を含め，クレジット・デリバティブの契約書は複雑になるため，ISDAマスター契約という基本契約書に基づいて締結されるのが一般的である（ISDAについては，第3章第2節1（77頁）を参照）。特に，CDS取引では，クレジットイベントが決済に直結する重要な事項となるところ，ISDAマスター契約では，クレジットイベントとして，破産（Bankruptcy），支払不能（Fail to Pay），リストラクチャリング（Restructuring：債務の条件変更など）の3つのイベントを指定することが一般的である。また，ISDAマスター契約では，クレジットイベントの認定について，契約当事者以外の市場参加者で構成される委員会（Credit Derivatives Determinations Committee：「DC」）において議論・決定し，この決定を全ての標準的取引に統一的に適用するという制度が導入されている。従来，クレジットイベントの認定は，契約当事者で個別になされていたが，2009年3月に上記のような制度が導入され，ISDAマスター契約によってCDS取引を行った場合，上記委員会により，迅速かつ客観的にクレジットイベントの認定が行われるという利点がある。CDS取引をISDAマスター契約によらずに行うことは事実上不可能とさえ言われている。

(3)　インデックスCDS

　　インデックスCDSとは，多数の個別銘柄を参照するCDSの市場価格の平均値を指数化し，これを用いて行うCDS取引であり，相対取引でありながら取引条件の定型化を行うことにより厚みのある取引市場が形成されている点に大きな特徴がある。この指数は「スプレッド」と呼ばれ，プロテクションを購入するために必要な対価の基準となり，通常，ベーシスポイント（bp）という単位で表される。ベーシスポイントは利率を示す単位であり，1bpは0.01％であり，1％は100bpsとなる。そして，信用リスクが拡大するとスプレッドが上昇し（これを「ワイドニング」という。），信用リスクが縮小するとスプレッドが下落する（これを「タイトニング」という。）。

　　スプレッドは，インデックスCDSを構成する流動性の高い投資適格銘柄のCDSの単純平均によって算定される。例えば，日本のメイン・インデックスであるMarkit iTraxx Japanは，投資適格銘柄の日本企業50社で構成され，業種の偏りを軽減するため，一業種の銘柄が10社を超えないという制約が課されている。

　　インデックスCDSの大きな特徴は，取引を定型化して流動性を高めるために，定期的にシリーズをつくり，「インデックス開始日」，「構成銘柄」，「固定スプレッド」，「予定終了日」といった条件を各シリーズに固定することにある。新しいシリーズは年に2回ローンチされ，新シリーズのインデックス開始日以降，市場における取引の中心は直前のシリーズから新シリーズへと移行する（これを「インデックスのロール」という。）。新シリーズは「オン・ザ・ラン」又は「カレント」，旧シリーズは「オフ・ザ・ラン」と一般的に呼ばれる。新シリーズを参照する取引が始まっ

ても旧シリーズを参照する取引も行われるが，その流動性は著しく低下するため，トレーディング目的で売買する場合などでは，旧シリーズのＣＤＳ取引を反対売買によって手仕舞いし，新たに新シリーズを参照する取引を行うことも多い（手仕舞いをせずに旧シリーズを終了日まで保有し，その間，想定元本に固定スプレッドを乗じたプレミアムを受領することも可能である。）。

インデックスＣＤＳ構成銘柄のポートフォリオは，基本的に各銘柄を均等に積み重ねたものであるため，プロテクションの売り手は，個別銘柄のＣＤＳを独立に取引した場合と同じリスクを負担することとなる。すなわち，参照組織にクレジットイベントが発生した場合，該当の参照組織に対応する元本分だけがクレジットイベントの対象となり，その銘柄に対応する想定元本についてクレジットイベント決済が行われ，その後は，イベントが発生していない銘柄に相当する元本金額について取引が継続することになる。

インデックスＣＤＳはシリーズ途中から開始することも可能であり，開始に当たっては，「経過利子」と「アップフロント（upfront）」の２種類の受払が発生する。経過利子は，①想定元本，②固定スプレッド，③当該シリーズの前回利払日（最初の期間についてはインデックス開始日）から取引開始日までの経過日数から計算され（計算式：①×②×③÷360日），プロテクションの売り手から買い手に支払われる。アップフロントは，想定元本，固定スプレッドと取引スプレッドの差，予定終了日までの残存期間から計算された金額の現在価値であり，取引スプレッドが固定スプレッドよりも小さければ売り手から買い手への支払とされ，大きければ買い手から売り手への支払となる。

上記のインデックスＣＤＳについて，想定元本を10億円，満期を５年，参照する指標をiTraxx Japanシリーズ７（固定スプレッド25bps），取引スプレッドを20bps，決済方法を１社につき2000万円とするインデックスＣＤＳ取引を考えてみる。この場合，プロテクションの売り手Ｘ社はプロテクションの買い手Ｙ社から，想定元本に固定スプレッドを乗じたプレミアムを毎年受け取ることができ，その代わり，満期までにクレジットイベントが発生した場合には決済が行われる。１社についてクレジットイベントが発生した場合には，2000万円の現金決済がなされ，その後は想定元本を９億8000万円に減額して取引が継続することになる。

【インデックスＣＤＳ取引のキャッシュフロー】（スプレッドは「ＳＰ」と表記）

期　初
（取引SP＜固定SPの場合）

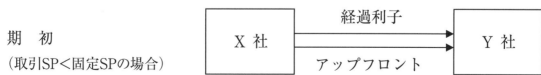

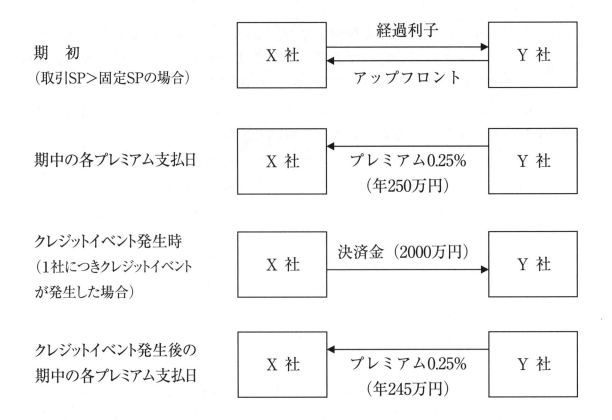

　インデックスCDSにおけるプロテクションの売り手は，固定スプレッドによるプレミアムを受領する代わりに，クレジットイベント発生による信用リスクを負うほか，インデックスのロールによる乗り換えを行うに際して，スプレッド水準がワイドニングしていた場合，プロテクションの買いによって手仕舞いをするために必要なアップフロントが大きくなるため，スプレッドの上昇による含み損のリスクを負うことになる。

(4) トータル・リターン・スワップ（TRS）

　トータル・レート・オブ・リターン・スワップ（total rate of return swap）は，トータル・リターン・スワップともいい（以下「TRS」という。），CDSに次ぐ取引がなされているクレジット・デリバティブである。

　TRSでは，プロテクションの買い手が保有する債券等の特定の資産を対象として，当該対象資産から生み出される金利やキャピタルゲインの全てを，プロテクションの売り手に移転し，その代わりに，プロテクションの売り手から買い手に対して対象資産の元本にLIBOR＋aといった金利を受け取るという取引である。

　例えば，元本10億円，金利1％，満期5年のA社の社債を保有しているX社が，その社債を対象資産とし，Y社の支払金利をLIBOR＋1％として，Y社とTRSを行う場合を考えてみる。この場合，X社はY社に対して社債により得られる年1000万円の金利をY社に支払うとともに，満期における社債の評価額が契約当時の評価額から上昇していた場合，その評価益も支払うことになる。これに対し，Y社は，毎年10億円にLIBOR＋1％の金利を支払うとともに，満期における社債の評価額が下落していた場合，その評価損を支払うことになる。また，Y社は，満期

までの間にA社がデフォルトに陥った場合，契約時における社債の評価額とデフォルト時における評価額との差額を支払うことになる。

【TRSのキャッシュフロー】

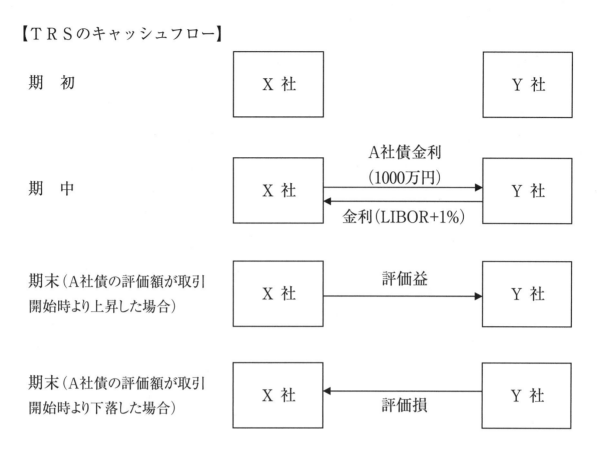

TRSは，プロテクションの買い手にとっては，対象資産を移転しないまま，全てのリスクをプロテクションの売り手に移転することができるものであり，プロテクションの売り手にとっては，現実に資金を調達することなく，LIBOR+αの金利で対象資産を保有したのと同様の効果を得ることができるという利点がある。

(5) クレジットリンク債

クレジットリンク債は，クレジット・リンク・ノート（credit linked note：「CLN」）とも呼ばれるもので，CDSを組み込んだ仕組債である。クレジットリンク債は，特定目的会社等を通じて発行されるのが一般的であり，CDSによるプロテクションの売り手の地位が仕組債に組み込まれることにより，プレミアム相当分の高利率を得ることができ，満期までに参照組織にクレジットイベントが発生しなければ，額面での償還を受けることができる。しかし，ひとたびクレジットイベントが発生した場合には，当該仕組債が早期償還され，償還に当たっては参照組織の発行する債券で償還されたり，評価損が差し引かれて償還されるなど，CDSにおけるプロテクションの売り手と同様の大きな損を被ることになる。

このように，クレジットリンク債は，通常の仕組債と同様に，発行体の信用リスクを負うほか，参照組織の信用リスクをも負う仕組債といえる。なお，クレジットリンク債では，発行体の信用リスクを軽減するため，より信用力のある会社や機関

の信用保証を付けたり，発行時の払込金を信用力の高い国債等に変えて（担保債券に設定して）倒産隔離することもあり，必ずしも実質的に二重のリスクを負うというものではない。

3　天候デリバティブ・地震デリバティブ
(1)　天候デリバティブ

　　天候デリバティブは，観測期間内に気象に係る指標（気温，降水量，降雪量等）が所定の条件に合致した場合に，所定の金銭を受け取ることができる権利を取引の対象とするものであり，かかる権利を購入した者は，相手方に権利の対価（プレミアム）を支払う代わりに，観測期間内における気象変動に係るリスクをヘッジすることができる。

　　例えば，夏場の観光事業による売上げが収益の柱となっている事業者Xが，7月から8月にかけて5㎜以上の降水量を観測した日が10日を超えた場合に，その超えた日数に100万円を乗じた金銭（ただし1000万円を上限とする。）を受け取ることができるという権利をYから500万円で購入するという取引が考えられる。この取引の場合，XはYに対してプレミアムとして500万円を支払う代わりに，雨天の日が10日を超えて増加した場合の売上減少のリスクをヘッジすることができる。この場合，Xは，客観的な気象の指標のみによって，Yから金銭を受け取ることができ，売上減少の事実やその額について証明する必要はない。

(2)　地震デリバティブ

　　地震デリバティブは，自然災害を対象とするデリバティブの代表であり，一定規模以上の地震が発生した場合に，所定の金銭を受け取ることができる権利を取引の対象とするものである。かかる権利を購入した者は，相手方に権利の対価（プレミアム）を支払う代わりに，地震発生によるリスクをヘッジすることができる。

　　地震が発生した場合に，損害発生の事実やその額について証明することなく金銭を受け取ることができる点も天候デリバティブと同様である。

第7節　デリバティブ組込商品について

　債券（社債），投資信託，預金等にデリバティブを組み込むことで，通常とは異なるキャッシュフローになるように加工された金融商品があり，それぞれ仕組債，仕組投信，仕組預金などと呼ばれる。これらは，金商法上の位置付けは，社債券，投資信託受益証券，預金証券（銀行法上は同法13条の4「特定預金」）であって，デリバティブそのものではないが，実体としてはデリバティブと債券等が合体したものである。

　富裕層の個人等向けの仕組債の販売は，特に紛争事例の多い類型であり，その概要は，第4章第3節（91頁）で取り上げることとする。

第8節　デリバティブ取引の実際
1　デリバティブの目的
(1)　概要

　　デリバティブが取引社会の中で実際に利用される目的は，大別して，ヘッジ（リスクヘッジ，risk hedge）と投資（特にレバレッジ投資又は投機）に分けられるが，特殊な局面における限定的な使われ方として，アービトラージ（裁定取引，arbitrage）がある。

(2)　ヘッジ

　　ヘッジとは，実体取引に内包されるリスクの全部又は一部を相殺する機能を果たすキャッシュフローを獲得するため，そのために必要なデリバティブを購入するものであり，ヘッジを目的とする市場参加者をヘッジャー（hedger）という[15]。

　　極めて単純な例を挙げれば，1年後にドル建てで10万ドルの原料の輸入を予定し，現時点の為替相場で採算を見積もっている企業は，為替（ドル高相場）リスクを抱えている。そのリスクを回避するため，1年後のドル買いの先物取引（為替予約）をするのがヘッジ取引である。同じ目的で，10万ドル（現物）を現在購入しておいて米国債として1年間置いておくということももちろん可能であるが，資金効率を考えれば，デリバティブの優位性が明らかであろう。

　　冒頭，デリバティブの本質が，原資産に含まれる様々なリスクの全部又は一部を任意に切り取って取引の対象にしたものと述べたが，ヘッジ取引は，自らの抱えるリスクを相手方に移転することを目的とする取引ということができる。もちろん，その代償は何らかの形で損益や契約に反映されることになる。例えば，ドル高リスクを回避するために為替予約を結んだものの，契約満期時にドル安になったため，当該為替予約で損失を被ることである。しかし，その場合は，ヘッジ対象である輸入取引の方で為替利益が生じている。これがヘッジ取引の本質であり，デリバティブ取引の損得だけを観察するのは一面的といえる。また，例えば，流動性の低い商品を対象とするコモディティ・デリバティブ取引を行う場合などでは，オファー・ビッドコストなどが高くなることがある。

　　なお，ヘッジと投資（投機）が相対的な関係になり得ることには注意が必要である。例えば，上述のとおり輸入企業によるドル買いの先物取引（為替予約）は，一般的にはヘッジ取引といえる。しかし，当該企業の国内における販売価格が為替相場に連動するような構造であった場合は，ドル高時には販売価格も上昇させることが可能であるため，あえて為替予約を行う必要があるのか疑問であるし，また，当該企業が先物為替市場の低いタイミングであるという判断の下で為替予約を行ったのであれば，費用削減には有効であろうが，一種の投資ともいえる。

---

[15] 「ヘッジ・ファンド」と呼ばれるものがあるが，トレーダーなどから転身したファンドマネージャーの相場観に基づいてハイリターンを追及する，機関投資家や富裕層向けの投資信託（私募ファンド）であり，ここでいうヘッジを行うものではない。

(3) 投資（投機）

　デリバティブ取引は，ヘッジと反対の立場，すなわち投資として利用する参加者が必要であり，さらには，わずかな投資により，現物取引と比較してはるかに大きなリターンを生み出すことが可能な特徴がある。このようなレバレッジ効果に着目して効率的な利益の獲得を目指すのがレバレッジ投資（投機, speculate）であり，これを目的とするデリバティブ市場の参加者をスペキュレーター（speculator）という。なお，一般に投資（investment）という用語は，投資先の成長を期待して行う出資という意味で使われることが多いが，これと区別する意味で，ここではあえて「レバレッジ投資（投機）」という用語を用いている。

　レバレッジ投資は必ずしも実需に基づくものではないから，実体取引への悪影響を顧みない極端な取引が横行し，マーケットをかく乱させることがあるなどの観点から，スペキュレーター（特にヘッジ・ファンド）が悪者扱いされることもある。しかし，実際には，為替その他の主要なマーケットにおいて取引の厚みを支えているのは，圧倒的にスペキュレーターであると言われている[16]。すなわち，ヘッジャーの相手方となってくれるのは，たまたま逆方向のリスクヘッジを意図するヘッジャーであることもあるが，そのような「出会い」が実現する保証はなく，むしろ積極的にリスクを取ろうとするスペキュレーターの存在が重要となる。ヘッジャーに対するスペキュレーターの本質はリスクテイカー（risk taker）にほかならない。

(4) アービトラージ（裁定取引）

　理想的な完成された市場においては，常に単一のフェアプライスが形成されているはずであるが，実際には，相場の一時的な歪みにより，価格理論からは説明できない価格差が発生することがある。例えば，現物と先物の理論価格はキャリーコスト分だけのはずであるが，実際には需給等を反映して，理論値以上の価格差が生ずることがある（この価格差をベーシス〔basis〕という。）。そのような場合に，割安な方を買って割高な方で売れば，無リスクで利益（さや）を取ることができる。これをアービトラージ（裁定取引）という。

　裁定取引は，後述するオペレーショナルリスク，リーガルリスク等の問題を別にすれば，本質的に無リスク取引であるため，投資損害賠償訴訟の場に現れることはほとんど考えられない（訴訟の場で問題となるのは，裁定取引をうたった詐欺的商法などである。）。しかし，裁定取引は，市場における価格の歪みを是正し，価格発見機能（あるべきフェアプライスを形成する機能）に大きく寄与するものであり，理論上は極めて重要である。

---

[16] 藤巻健史・前掲注8・111頁参照

2 カバー取引について

(1) デリバティブの店頭（OTC）取引において，ヘッジニーズ等に基づいてデリバティブ取引を行う事業会社等の相手方となった金融機関等が，当該デリバティブ取引のポジションに伴うリスク（ポジションリスク）を中和するために行う取引のことをカバー取引（cover transaction）という。

そもそも，顧客との相対取引によって金融機関が持たされたポジションは，金融機関自らの判断でリスクテイクする前提のポジションではない。したがって，金融機関の立場では，このポジションは外すのが原則であり，最も分かり易いのは，顧客との間のデリバティブ取引の相手方となる都度，これに対応する反対取引（キャッシュフローが完全に相殺される取引）を行うものである（金利スワップの項で説明した例〔第4節2(2)ウ（19頁）〕を参照）。

(2) しかし，特殊なデリバティブなどではカバー取引を現実に引き受けてくれる相手が現れないこともあり，また，カバー取引を組むこと自体は可能であっても，個別にこれを行うコストの問題もある。このようなことから，カバー取引は必ずしも1：1対応（個別ヘッジ）で行われるとは限らず，当該商品のポジションリスクと他の商品の逆方向のポジションリスクとを相殺するという組合せでリスクを中和するとか，更には，より大きなポートフォリオ（資産構成）全体としてのリスク管理に委ねるといったやり方もあり（これらを「マクロヘッジ」という。），その在り方は，金融機関の業態，取扱商品の性格に応じて区々のようである。

(3) カバー取引は，視点を変えてみれば，デリバティブ商品を顧客に販売する業者が，当該商品を他の業者から仕入れる取引という意味合いに理解することもできる[17]。このような視点で見ると分かり易いが，カバー取引を行った業者は，契約当事者としての法的な地位はともかく，経済的にみれば，デリバティブ取引のポジションを持った（つまり価格変動リスクを負っている）契約当事者という実質は失われており，「仕入価格」と「販売価格」の差額分の利益を確定させたブローカー（仲介）的な立場にあるといえる。

店頭（OTC）取引を行う業者の経済的・実質的な立場は，このように，カバー取引の有無によって全く違った様相を帯びるのであるが，実際には，上記(2)で述べたとおり，きれいに1対1のカバー取引が行われているとは限らず，マクロヘッジという形でポジションリスクを拡散している場合も多く，その場合の業者の立場を図式的に割り切ることは困難である。

(4) カバー取引に関する一定の情報は，金商法上の開示義務が課せられている（金商法37条の3第1項7号，金商業府令94条1項1号[18]。後記第3章第1節1(3)（68頁）

---

[17] 仕組債の販売やインターネット上の外国為替証拠金取引などでは，このような性格が強いように思われる。

[18] ただし，これは，店頭金融先物取引（いわゆる外為証拠金取引など）をヘッジする目的で行う，取引所金融先物取引又は店頭金融先物取引に限定されるものとされる（金融庁「コメントの概

参照)。

3 デリバティブ市場の参加者

デリバティブ市場の主要な参加者としては，実需に基づくヘッジを意図するヘッジャー，リスクテイカーとしてのスペキュレーター，そして，こうした取引を仲介する金融機関の3者に大きく分類される。ここでの金融機関の立場は，取引所取引などでは仲介（商法上の問屋）であるが,店頭取引では自らが契約当事者となる。ただし，実際には，カバー取引を行うことによって実質的に仲介と同じ立場に立つ場合が多いことは前述のとおりである。

なお，仕組債のように債券発行が絡むと，債券（社債）の発行体（ＳＰＣ等が活用される。），発行体から委託されてデリバティブを組成するデリバティブ業者，発行体と顧客との間に立って販売主体となる証券会社が関係者となる。さらに，倒産隔離の要請等から信託が間に入ることも多く，全体として複雑な様相を帯びる[19]。

4 デリバティブのリスクとその管理
(1) 市場リスク

ア 市場リスク（マーケットリスク，market risk）とは，金利，株価等の原資産価格や各種の指標の変動により，デリバティブの時価評価額が変動し損失を被るリスクをいう。デリバティブ取引が持つリスクの中で，最も直接的かつ影響の大きいリスクである。なお，ここでいう指標とは，原資産としての指標（指標先物取引,指標オプションにおける指標等）だけでなく，オプションにおけるボラティリティなどの時価構成要素に影響を与えるあらゆる要素を含むものである。

イ 市場リスクを本格的に管理するためには，市場における指標の動向からリスク量を計測し，監視（モニタリング）する必要があり，高度な金融工学を利用したリスク量の推計が行われている。その中で，現在，金融機関で一般的に採用されている手法がバリューアットリスク（ＶＡＲ，Value at Risk）というものであり，一定の期間（観測期間）に発生した価格変動の実績から，一定の確率（信頼区間）で発生する価格変動に起因する損失額を計測するものである。例えば，信頼区間を99％として設定した場合,「99％の確率でその損失額以内に収まる最大損失額」はいくらというリアルな数字が示される。

(2) 信用リスク

ア 信用リスク（クレジットリスク，credit risk）とは，取引の相手方の信用力が低下し,契約上定められた支払が履行されなくなるリスクをいい，カウンターパーティ・リスク（counterparty risk）ともいう。取引所取引においては，取引所が

要及びコメントに対する金融庁の考え方」平成19年7月31日第255項等)。

[19] このような構造の金融取引をストラクチャード・ファイナンス（structured finance）という。平成28年最判に係る武富士メリル事件でも，そうした取引が行われている。

信用リスクを肩代わりすることになるが，相対取引である店頭（OTC）デリバティブでは，対象商品の時価評価額の変動が信用リスクに反映される（これが，取引所取引と店頭取引の最も重要な違いの一つである。）。すなわち，対象商品の時価評価の低下により店頭デリバティブの一方当事者が含み損を抱えている場合，他方当事者は，相手方デフォルト時に損害として顕在化する金額（これをエクスポージャー〔exposure〕という。）につき，信用供与をしていることになる。

なお，一般的な信用供与取引と異なり，元本（想定元本）の全額が当然に信用リスクの対象となるわけではない点は注意を要する。

イ　信用リスクの個別的な管理として，相手方の信用力の把握，担保による信用力の補完等があるが，信用供与に見合うコストを最初からデリバティブの取引価格に織り込んでおくという方法もあり，これを信用価格調整（CVA, Credit Value Adjustment）という。その詳細は，プライシングの節で説明する。

ウ　クレジット・デリバティブにおける参照組織のデフォルトリスクや参照組織の信用力の変化に応じた価格変動リスクも信用リスクである。

(3) 流動性リスク

デリバティブ商品の特質や市場の動向によっては，取引の相手方を見つけることができず，反対売買による手仕舞いが困難となったり，理論価格よりもはるかに低い金額でしか取引できなくなることがある。また，仕組債などでは，相当長期間にわたっての資金が拘束され，顧客側からの中途解約等が制限されるものが少なくない。このようなリスクを流動性リスク（liquidity risk）という。

(4) システミック・リスク

ア　デリバティブ取引は，多数の市場参加者の間で網の目のように入り組んだ複雑で大量の取引が行われていること，その損失はレバレッジ効果により増幅されることから，ビッグプレイヤーの破綻による信用リスクの顕在化がドミノ的に伝播して，市場全体の流動性が極端に低下し，相場の暴落を引き起こすといった事態が招来されることがあり，これをシステミック・リスク（systemic risk）という。2008年（平成20年）9月のいわゆるリーマン・ショックが正にそのような状況であった。

イ　システミック・リスクは，個別の市場参加者がリスク管理をするような性格のものではなく，その対応は，社会全体としてセーフティネットをいかに構築するかという問題である。

このような観点から，リーマン・ショックの教訓を踏まえ，国際規制当局及びバーゼル銀行監督委員会による店頭デリバティブ取引への規制強化の動きが進められている。具体的には，店頭デリバティブの一部への中央清算機関（CCP）の導入（第3章第2節3（81頁）参照）等が重要である[20]。

---

[20] 杉本浩一＝福島良治＝若林公子『スワップ取引のすべて〔第5版〕』355頁

(5) ベーシスリスク

　現物のリスクをヘッジするための先物取引をしたが，実際には両者が同じタイミングで反応するとは限らず（そのために生ずる価格差が前記1(4)で触れた「ベーシス」である。），意図したヘッジ目的を達成できない場合がある。このような現物と先物の関係に限らず，ヘッジ目的で購入したデリバティブによって実際に実現される効果とヘッジニーズとの間にギャップが生ずるリスク一般を，ベーシスリスク（basis risk）ということがある。例えば，変動金利である短期プライムレートの金利リスクをヘッジするためにＴＩＢＯＲと固定金利のスワップを組むといった場合で，このヘッジ取引は，ＴＩＢＯＲと短期プライムレートは通常連動するはずであるという前提に基づくものであるが，そこにギャップが生ずるリスクがある。

(6) その他のリスク

　以上のリスクのほか，例えば，デリバティブ取引に係る事務処理の不正又は過誤が発生するリスクとして「オペレーショナルリスク」（operational risk）が，デリバティブ取引に関する法務上のトラブルに巻き込まれる「リーガルリスク」（legal risk）が，決済システムのトラブル等により決済ができない間に取引相手がデフォルトするなどのリスクや，通貨スワップ等において他国通貨を決済するために海外のシステムを利用せざるを得ない場合の時差の間に発生する同様のリスクである「セトルメントリスク」（settlement risk）等が挙げられる。

　また，固有のリスクではないが，「相関リスク」ということが言われることがある。これは，別個独立のリスクと考えて複数のリスクを分散管理していたつもりが，実際には，両者には強い相関関係があり，リスク分散の機能を果たさないということである。

第2章　デリバティブのプライシングと時価評価

第1節　総論

1　はじめに

　デリバティブの価格理論は，金融工学と呼ばれる高度に専門的な知識に関わる分野であり，入門的な性格とされるデリバティブの教科書でさえ，なじみのない数式の多さに圧倒される方が多いと思われるが，プライシングの知識なくしてデリバティブというものを理解することはできない。そこで，本書では，このような専門的分野について特段のバックグラウンドを持たない読者を想定して，デリバティブ商品の価格というものの基本概念と，価格理論のごく初歩的な考え方等を説明することにする。もとより，専門家の目から見れば舌足らずな記述にとどまっているであろうことは承知の上であり，より深い理解を目指す方には，差し当たり，以下の参考文献を掲げるにとどめたい。

（価格理論等に関する主要な参考文献）
・田渕直也『デリバティブのすべて』（日本実業出版社・2012年）
・杉本浩一＝福島良治＝若林公子『スワップ取引のすべて〔第5版〕』（金融財政事情研究会・2016年）
・土屋剛俊『〔新版〕デリバティブ信用リスクの管理』（シグマベイスキャピタル・2008年）

2　デリバティブ商品の価格及び時価評価の意義

(1)　プライシングの考え方の基本

　　デリバティブ商品の価格[1]決定（プライシング，pricing）は，その場面に応じて異なる意味を有しており，以下のような整理をすることができる。

　ア　第1の意味は，デリバティブの「価格理論」に基づいて「理論値」としての価格，例えば，先渡取引におけるフォワードレート，金利スワップ取引におけるスワップレート，オプション取引におけるオプション料等を決定する場面のものである。ここで決定される価格は，当該デリバティブ取引の意図するリスクの移転（通常は，原資産価格の変動という市場リスクが対象となる。）に着目し，当該リスクを純粋に客観的に評価しようとするものである。

　　　ただし，後述するように，複数考えられるうちのどの計算方法を選択するかとか，その選択された計算方法において必要とされるインプットデータをどのように選択するかなどで，その計算結果に一定の幅が生ずることは避けられない。こ

---

[1] ここでいう「価格」とは，商品の対価としての価格に限らず，金利や為替レートも含む概念である。

の理論値という分野でさえ，唯一の正解が一義的に導かれるという性格のものでないことは理解しておく必要がある。
- イ　第2の意味は，店頭（OTC）デリバティブの固有のものであり，業者がプロでない顧客に対し相対取引として商品を販売する場合に，当該商品の理論値とは別に，プラスアルファの期待利回りを見込んだ値付けをする場合の価格決定である。そのプラスアルファの要素としては，当該顧客の信用リスクを勘案したカウンターパーティ・リスク・プレミアム，販売コストから間接費用に至るまでの種々のコスト，そして業者利潤が含まれることになる。

　　この「プラスアルファ」の各種要素の内訳を正確に区分することは困難又は事実上不可能であり，そもそも値付けをした業者自身が各種要素を分析的に評価して上乗せしているとは限らない。
- ウ　このうち，第1の意味のプライシングは，取引所取引で形成される価格ないし金融機関の間におけるようなプロ同士の相対取引で成立する理念的な価格である。当事者双方は，当該取引で意図しているリスク移転（通常は原資産価格の変動に係る市場リスク）に着目し，その純粋な評価額がプライスに適正に反映していない限り，取引は成立しない。ただし，現物取引や関連デリバティブ取引等の需給や当該金融機関又は担当ディーラーの相場観も取引に影響し，さらには金融機関同士であっても信用リスクや担保等を勘案しなければならないため，実際の取引は価格理論による理論値で完結するとは限らない。

　　これに対し，店頭（OTC）取引で業者がプロでない顧客を相手にデリバティブ商品を販売する場合，当該業者は，リスクの移転に伴うポジションを取ることは目的でなく（むしろそのようなポジションはカバー取引によって解消されるのが普通である。），調達価格に利潤を乗せて販売し，利ざやを取ることが目的となっている。これが，第2の意味のプライシングである。ここで上乗せされるプラスアルファは，金利の項目（第1章第2節2(3)（11頁））で述べた銀行融資における「スプレッド」に相当するものといえる。

(2) 時価，時価評価とは
- ア　デリバティブ商品においては「時価」が貸借対照表上の価格とされていることもあり，「時価評価」という言葉もよく使われる。デリバティブ商品の「時価」とは，会計基準[2]にいう「時価」を指すのが通例であり，具体的には，①「市場価格」がある場合には「市場価格」，②これがない場合には「合理的に算定された価額」とされる。
- イ　このうち「市場価格」は，取引所取引においては取引所が公表している取引価格がこれに当たり，その評価が問題となることはあまり考えられない（ただし，取引数量が極端に少ない場合等には市場価格と認められないこともある。）。

---

[2] 企業会計基準第10号，金融商品に関する会計基準第6項

これに対し，店頭（OTC）デリバティブ取引においては，取引価格が公表されておらず市場価格がない場合が多いため，基本的に「合理的に算定された価額」によらざるを得ない。そして，この「合理的に算定された価額」は，いわゆる理論値を基礎としつつ，これに前述の「プラスアルファ」の一部を加味することは可能であるが，業者利潤までが当然に時価として上乗せされるわけではない（その内訳の区分が実際上曖昧であることは上述のとおりである。）。これらの「プラスアルファ」が加味された結果，顧客が購入した商品の契約時における時価評価額はマイナス（オプションであれば受取オプション料を下回る）となっているはずである。

「マイナスの価値のものを買わせた」というと，何か詐欺的な意味合いを帯びるようにも受け止められかねないが，銀行融資を受ける者が銀行の調達金利（インターバンク取引レート）よりも高い金利を支払うという，一般的な金融取引の常識と本質的なところで異なるものではない。

(3) 市場価格と理論価格の関係

会計基準にいう「時価」概念において，理論価格に優先して採用されるのが「市場価格」であることは上記(2)アのとおりである。これは，デリバティブ商品の価格を決定するのは第一次的には市場（マーケット）であるというマーケット・オリエンテッド（market-oriented）な思想を反映している。もっとも，単純な商品に関しては，市場価格と理論価格は本質的に別次元のものというわけではなく，市場価格が形成される背景には理論価格があり，市場価格に一時的に生じた歪みであれば理論価格の観点から是正される可能性がある（後述する無裁定条件の考え方）。すなわち，両者は究極的には一致する方向に向かうはずであり，仮に，机上の理論価格が安定した市場価格から乖離しているとすれば，理論価格を求めるために使用したインプットデータの選択等に問題があると考えたり，理論価格を求めるモデル（数式）が誤っているか，当てはまらなくなってきていると考えるのが通常である。このような観点から，市場性のある単純なデリバティブ取引の市場価格を基に，インプットデータとして用いる変数（ボラティリティ等）を推論して，市場価格がない複雑な店頭（OTC）デリバティブの理論価格を求めるということも行われる（第1章第5節5(2)（29頁）で説明した「インプライド・ボラティリティ」の考え方）。

こうした市場価格と理論価格の相関関係を念頭に置くと，以下の説明も理解しやすいと思われる。

第2節 デリバティブの価格理論の基本的な考え方

1 現在価値

(1) デリバティブを含む金融商品はキャッシュフローの集合体として認識できるものであるが，デリバティブの時価評価は，将来のキャッシュフローが，現在において

有する金銭的価値，つまり現在価値（ＰＶ，Present Value）に引き直すという方法で行われる[3]。このように現在価値を求めるのは，デリバティブにおいては，将来発生するキャッシュフローが一つだけではなかったり，デリバティブによってキャッシュフローが発生する時期が異なったりするため，価値を測る時点を定めるという意味がある。

　　そして，複数のキャッシュフローを生ずる場合は，各キャッシュフローの現在価値を計算し，それらを合算することにより，時価を求めることになる。これをネット・プレゼント・バリュー（Net Present Value，ＮＰＶ）と呼ぶ。

(2)　将来のキャッシュフローを現在価値に引き直すために使用する利率としては，無リスク金利（risk free rate）を使う。「現在価値」という考え方自体は，逸失利益の計算における「中間利息の控除」と基本的には同じであるが，中間利息を控除する際に使用する利率が，逸失利益の計算の場面では民事法定利率とされる（最高裁平成17年6月14日第三小法廷判決・民集59巻5号983頁）のに対し，デリバティブの価格理論においては，安全資産で運用することを想定した無リスク金利によるものとされている。そして，無リスク金利の具体例としては，ＬＩＢＯＲ又は国債金利が用いられることが多く，特にＬＩＢＯＲが事実上の世界標準とされていたが，厳密な意味でのリスク・フリーといえないことから，近年はＯＩＳ（オーバーナイト・インデックス・スワップ＝翌日物と呼ばれるインターバンク借入利率を複利計算したものを変動金利として用いるスワップ）が用いられることがある。

　　なお，ここでプライシングの対象として想定しているのは市場リスクであり，カウンターパーティ・リスク・プレミアムは考慮しない（信用リスクを理論値に取り込みたい場合の考え方は後述する。）。

(3)　現在価値の算出の実際を，具体例で補足して説明する。例えば，無リスク金利を年1％（1年複利）として運用すると，3年後に100万円が償還される債権（クーポンのない割引債）の現在価値は，次のとおり97万0590円となる。

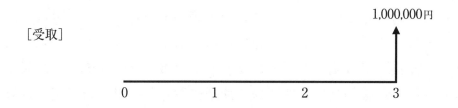

1,000,000円÷(1+0.01)³=970,590円

---

[3]　一般に，価格の計算方法には，①マーケット・アプローチ（市場価格を有する同種商品を基に比準調整を行うもの），②インカム・アプローチ（将来のキャッシュフローに着目するもの），③コスト・アプローチ（再調達費用に着目するもの）があるとされるが，将来のキャッシュフローを現在価値に引き直すという手法は，基本的にインカム・アプローチを前提とするものである。

上記の例はキャッシュフローが１回しか生じていないが，複数のキャッシュフローを生ずる場合は，それぞれのキャッシュフローの現在価値を計算し，それらを合計することになる。無リスク金利を年１％（１年複利）とし，元本を100万円，弁済期を３年後，利息を年３％とする債権（利付債）の現在価値は，次のとおりとなる。

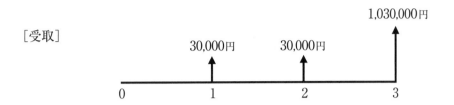

30,000円÷(1+0.01)+30,000円÷(1+0.01)^2+1,030,000円÷(1+0.01)^3=1,058,820円

(4) 上記のとおり，将来のキャッシュフローを無リスク金利で除する（割り戻す）ことによって現在価値を求めているが，キャッシュフローに一定の数値を乗ずる形に変形することもできる。このときに乗ずる数値(係数)のことをディスカウント・ファクター（Discount Factor，ＤＦ）と呼ぶ[4]。このように変形することで，次のとおりの計算し易い式が得られる。

　　（現在価値）（将来キャッシュフロー）（ディスカウント・ファクター）
　　　ＰＶ　＝　　ＣＦ　　×　　ＤＦ

例えば，金利を年１％（１年複利）としたとき，３年後のキャッシュフローに対するディスカウント・ファクターは0.971（小数点４位以下を四捨五入）となり，３年後に100万円が償還される債権（割引債）の現在価値は，ディスカウント・ファクターを用いると，次の式により算出することになる。

（３年後のキャッシュフローに対するディスカウント・ファクター）＝ $\frac{1}{(1+0.01)^3}$ ＝0.971

（債権の現在価値）＝1,000,000円×0.971＝971,000円

２　無裁定条件
(1) 無裁定条件とは
　　裁定取引（アービトラージ，arbitrage）とは，第１章第８節１(4)（44頁）で説

---

[4] 金利を５％の法定利率として１年複利で計算したディスカウント・ファクターがライプニッツ係数（現価表の数値）である。ちなみに金利５％を単利計算した場合のディスカウント・ファクターがホフマン係数である。

明したとおり，相場の一時的な歪みにより発生する価格差に着目し，無リスクで利益（さや）をとる取引である。しかし，裁定取引が行われる結果，価格の歪みは縮小，解消され，短期間で公正価格が形成されるはずである。

デリバティブの価格理論においては，このような裁定取引が成立しない（すなわち裁定機会がない）ことを前提にしており，これを無裁定条件（アービトラージ・フリー）と呼ぶ。

この無裁定条件という概念は，下記(2)で説明するように，それ自体がプライシングの原理として利用されるほか，後述するブラック＝ショールズ式の理論的前提になっているなど，デリバティブの価格理論において極めて重要な意味を持つものである。

(2) 無裁定条件を利用した為替予約のプライシング

為替予約は，将来の一定の時点において，円と外国通貨を一定のレートで交換する契約であり，先渡（フォワード）の一つである（第1章第3節2(1)（14頁））。この為替予約レートの理論値は，無裁定条件の考え方の下では，現在の為替レート（スポットレート）及び円貨と外貨の金利から導くことができる。

例えば，円ドル取引について，想定元本を100万円，現在の為替レートを1ドル100円，円の無リスク金利を年1％，ドルの無リスク金利を年3％とし，3年後の為替予約レートを考えてみる。このとき，仮に，1ドル100円を為替予約レートとする為替予約を行ったとすると（実際にはこのレートでの取引は成立しない。），次のような裁定取引が可能となる。すなわち，現時点において100万円を借り入れ，これをドルに交換し（1万ドル），ドルの無リスク金利で3年間運用すると1万0927.27ドルになるから，これを上記為替予約レートで円に交換すると109万2727円となる。当初借りた100万円に3年分の金利を付した103万0301円を返済しても，6万2426円をリスクを負うことなく手にすることができる。このような裁定機会を生じさせないようにするためには，①現時点において，100万円をドルに交換し，ドルの無リスク金利で3年間運用して，為替予約レートで円に再度交換した結果（X円）と，②100万円を円の無リスク金利で3年間運用した結果（Y円）が一致している必要がある。

①

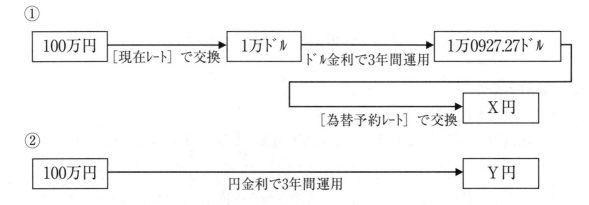

②

為替予約レートを1ドルA円とすると，以下のとおり計算することができる（左辺が上記①に，右辺が上記②に対応する。）。

$$\{(100万円 \div 100円/ドル) \times (1+0.03)^3\} \times A円/ドル = 100万円 \times (1+0.01)^3$$

$$A = 94.29円/ドル$$

以上を要約すると，円／ドルのT年後の為替予約レートは，①円貨を現在レートでドルに交換してからT年間ドル金利で運用した計算結果と，②円貨を円金利でT年間運用してから予約レートでドルに交換した計算結果とが一致する（どちらでも損得がない＝裁定機会がない）ようなレートとして求められることになる[5]。

その結果，上記の条件で為替予約を行う場合の為替予約レートの理論値は1ドル94.29円ということになる。

3　原資産のモデル化と期待値

デリバティブのキャッシュフローには，金額が固定されているもの（金利スワップにおける固定金利など）もあるが，多くは原資産価格（金融指標）の変動に応じて変化する不確定な金額であり，その結果は誰にも予測できない。その場合，将来キャッシュフローを現在価値に引き直すといっても確定した金額を示すことができないから，以下の手法により，不確定な将来キャッシュフローを一定の条件の下での期待値（現実世界における期待値とは異なる。）として求めて数値化することになる。

このような方法の一つが，原資産のモデル化である。すなわち，原資産の価格変動を具体的な数値として予測することはできないものの，一定の法則に従った確率的分布を示すものと理解する。その上で，リスク中立確率[6]，すなわちあらゆる投資をリターンの期待値のみで判断することを前提にしたときに成立する確率の下でのキャッシュフローの期待値を求めようとするものである。このモデル化が必要な場面は，実際上，オプション取引に限られるので，具体的なことはオプションのプライシングの項目で

---

[5] その帰結として，ドルよりも相対的に低金利の円の為替相場は，理論上，将来に向かって先物レートが円高に進むはずだということになる。

[6] 一般的に，投資をすべきか否かの判断は，期待されるリターンとリスクとの相関関係によってされるものであるが，デリバティブのプライシングにおいては，あらゆる投資は期待リターンのみに着目して選択されるという前提を置く。このような前提と置くと，あらゆる資産の期待リターンは無リスク金利に等しくなる。なぜなら，無リスクな商品というものに投資すれば，その貨幣の時間的価値相当分の期待リターンが得られるため，無リスクな商品の期待リターンは，無リスク金利ということになる。無リスクな商品より期待リターンの高い商品があれば買いが入り，低い商品があれば売りが入ることになるので，需給調整の結果，あらゆる商品の期待リターンは無リスク金利に収束することになるからである。リスク中立確率とは，当該デリバティブがこのような前提において実現する期待リターン（結局のところは無リスク金利である。）から逆算した確率を意味する。

説明する。

　もう一つの方法は，原資産をモデル化するまでもなく，市場価格からリスク中立確率の下での将来キャッシュフローの期待値が読み取れる場合に，これを抽出するという方法である。特に金利に関しては，ＬＩＢＯＲ，スワップレート等の成熟したマーケットが成立しており，その市場価格を利用することになる。

4　信用価格調整（ＣＶＡ）

(1) 信用リスクの特殊性とＣＶＡ

　デリバティブとは，原資産に含まれるリスクを独立した取引の対象にする点にその本質があると冒頭に述べたが，当事者が能動的な取引対象として意識しているリスク（ヘッジ対象としたいリスク，リスクテイクを目論むリスク）は，クレジット・デリバティブのようなものを除き，通常，原資産の価格変動に係る市場リスクであり，これまでに述べてきた価格理論は，専ら市場リスクを念頭に置いたものといえる。

　これに対し，信用リスクは，店頭（ＯＴＣ）デリバティブ取引におけるいわば副産物として発生する受動的なリスクである点で，基本的な性格が異なる。しかも，信用リスクの対象は，時価評価額の変動（含み損の発生）に応じて増減するエクスポージャー（相手方デフォルト時に損害として顕在化する金額）という，それ自体が流動的，非恒常的なものである上，相手方の信用力も変動し得るものであって，リスクの定量的な把握は容易ではない。その一方，デリバティブ商品全体のプライシングとして考えた場合に，市場リスクを対象とする価格要素（いわば本体部分）と比較して，信用リスクの影響する部分は僅少であり，実際上は，期待利回りの中にバッファーとして埋め込んでしまってもさほど問題ないと考えられてきたようである。

　しかし，上記エクスポージャーが相手方に対する信用供与としての性格を有することは否定できないところ，2007～08年（平成19～20年）の金融危機において，店頭デリバティブ取引等のカウンターパーティ・リスクの顕現化から主要な欧米金融機関の多くが巨額な損失を被ったこと等を契機に，当該信用供与に見合うコストを適正に価格に反映させる必要があると考えられるようになっており，その一つの反映方法を信用価格調整（ＣＶＡ，Credit Value Adjustment）という。

　また，不完全な担保付（又は無担保）店頭デリバティブ取引の価値評価を行う上で取引に必要な資金調達コストにかかる評価調整は，ファンディング評価調整（ＦＶＡ，Funding Valuation Adjustment）と呼ばれている。ＸＶＡと総称されるように，ほかにも様々な評価調整項が認識されつつあるが，本書では代表的なＣＶＡを中心に取り上げることとする。

(2) クレジットリスクを価格に反映させる計算方法

　ＣＶＡの考え方自体，デリバティブの歴史の中でも比較的新しい概念であり，そ

の手法等は市場リスクを対象とした価格理論ほど確立したものとはなっていないようであるが，一般的には，信用リスクを考慮しない計算をした最後の価格に一定の調整を加えるという方法（全体から調整する方法）がとられる。

そのほかにクレジットリスクを価格に反映させる計算方法としては，現在価値に割り引く際に使用する割引率として，無リスク金利にリスク・プレミアムを上乗せする方法（ディスカウント・ファクターを調整する方法）や，将来キャッシュフローに対し，これが確実に享受できない調整率を乗じる方法（将来キャッシュフローを調整する方法）がある。

第3節　各種デリバティブのプライシング

1　先物（先渡）のプライシング

(1)　金利先物の場合

第1章第2節3（12頁）で述べたとおり，1年以内の短期金利の代表的な指標としてLIBOR，1年超の長期金利の代表的な指標としてスワップレートがあり，成熟した市場価格が形成されている。そして，その市場価格から，フォワードレートを抽出することができる。例えば，期間4年の市場金利と期間5年の市場金利の水準から，「4年後の期間1年間の金利」（フォワードレート）を理論的に抽出することが可能である。

フォワードレートの計算方法のイメージを持ってもらうため，ごく簡単な計算例を紹介する。5年の金利が1.3％，4年の金利が1.2％とし，4年後の1年間の金利をA％とすると，無裁定条件を満たすためには，5年の金利で運用した結果と，4年の金利で運用した後，4年後の1年間の金利で運用した結果が等しくなければならないので，次のとおり1.7％と計算できる。

$$(1+0.013)^5=(1+0.012)^4\times(1+A)$$
$$A=0.017$$

実際には，市場価格である長期金利はキャッシュフローが複数回発生するスワップレート（利息が半年ごとに支払われることを前提とした金利）として示されており，フォワードレートを算出するために，その逐一のキャッシュフローを現在価値に引き直し，無裁定条件を利用して計算する必要があるので，その計算過程はかなり煩雑になる。

(2)　株式先渡の場合

株式先渡（将来の一定の時点において株式をあらかじめ合意した先渡価格で売買する取引）においては，為替予約のプライシング（第2節2(2)（54頁））と同様，無裁定条件を利用したプライシングを行う。

すなわち，現在，株価S_0を支払って株式を購入しておき，それをt年後に売却するとし，その間，金利rを負担し，他方で，当該株式の配当qを得ることができるとすると，先渡価格Sは次のとおりの式で表される。これをキャリー・コスト・モデルという。

$$S=S_0\times\{1+(r-q)\times t\}$$

2 スワップのプライシング

(1) スワップレートの理論値

スワップの理論値は，交換されるキャッシュフローが等価（現在価値が同じ）になるように決定される。例えば，変動金利と固定金利を交換する金利スワップであれば，固定金利（スワップレート）の理論値は，将来の変動金利（フォワードレート）のキャッシュフロー[7]の現在価値（＝A）の合計額と，固定金利のキャッシュフロー（固定値）の現在価値（＝B）の合計額が，同額になるように算出された数値ということになる。

A：(各時点の変動金利（フォワードレート）のＣＦ)×(各時点のＤＦ)
B：(全期間共通の固定金利のＣＦ)×(各時点のＤＦ)
　　＊　ＣＦ＝キャッシュフロー，ＤＦ＝ディスカウント・ファクター

もっとも，実際には，このような単純な金利スワップのスワップレートであれば，理論値を計算するまでもなく，市場に示されているレートがそのままの形で又は織り込まれた形で示されているので，これを抽出すれば足りる。そして，この市場レートは，理論値としてのスワップレートと基本的に一致している。

(2) スワップの時価評価

ア　スワップレートが理論値と一致している限り，契約時におけるスワップの時価評価額はゼロである（将来における受取キャッシュフローと支払キャッシュフローが等価）。

しかし，店頭（OTC）取引に係る実際のスワップレートには，カウンターパーティ・リスク・プレミアム，諸コスト，業者利潤から成るプラスアルファが上乗せされている。例えば，金利スワップ事件に関する最高裁平成25年3月7日第一小法廷判決・集民243号51頁の事案では，3か月ＴＩＢＯＲと交換される固定金利（顧客支払金利）は2.445％とされているが，これは，理論値としてのスワップレートに1％を超えるスプレッドが乗せられた数字のようである[8]。このスプレッドの一部は時価に反映させることも可能であろうが，契約時からマイナスの時価になっていたことは間違いない。

---

[7] フォワードレートが市場金利から抽出できることは，上記1(1)で説明したとおりである。
[8] 福島良治氏からのヒアリングの機会に試算として示されたものである。

イ　契約時の時価とは別に，契約後の市場動向を反映して，時価は日々変動する。それは，当初の市場の予想と異なる金利水準の展開等を受けて，フォワードレートやディスカウント・ファクターが変わってくるからである。これらを用いて再計算した変動金利のキャッシュフローの現在価値と固定金利のキャッシュフローの現在価値の差額が時価評価額となる。

3　オプションのプライシング

(1) 原資産のモデル化

ア　オプションの価格理論の出発点は，原資産をモデル化することで将来の原資産の価格変動を確率分布として把握することにある。このようなモデルの代表的なものが，原資産が株式（株価）や通貨（為替）の場合に使用されるブラック＝ショールズ・モデルである。なお，金利の原資産モデルとしてはハル＝ホワイト・モデルその他のモデルが知られている。

イ　ブラック＝ショールズ・モデルとは，「株価の変動はランダムウォークする幾何ブラウン運動であり，その結果は対数正規分布に従う」という仮定に立った原資産モデルである。若干補足して説明すると，まず「正規分布」とは，下記図①，②のように，パチンコ玉を上から落としていった場合にどのように分散するかを示したものとイメージすればよい。ただし，実際には，価格が上昇する方向は限定がないのに対し，下落する方向はゼロで制限されるので，「対数正規分布」という形に修正される（下記図③）。

　　原資産のモデル化とは飽くまでも仮説にすぎず，ブラック＝ショールズ・モデルにおいても，本当に対数正規分布に従うという証明がされているわけではない。しかし，実際の株価の変動に比較的よく適合しているといわれており[9]，このモデルの通用性は広く認識されている。

ウ　このブラック＝ショールズ・モデルでは，価格変動の標準偏差（振れ幅の大きさ）を表わすインプットデータとして「ボラティリティ」（volatility）が要求される。下記図④は，正規分布を前提に，振れ幅の大小を図示したものであり，ボラティリティを変えることでこの振れ幅が変動する。

　　オプションの価格決定要素は，原資産価格，権利行使価格，満期までの期間，短期金利，ボラティリティであるとされるが，ボラティリティ以外の要素は与件又は当事者が任意に決定できるものであり，オプション取引の本質はボラティリティにあるということができる。

　　したがって，ボラティリティをどこから求めるかが極めて重要となるが，ヒストリカル・ボラティリティとインプライド・ボラティリティの考え方があること

---

[9] ただし，「ファットテール」と呼ばれる現象（大きな価格変動は理論値以上に増幅されやすいという現象）が反映されにくいという欠点も指摘されている。

は，第1章第5節5(2)（29頁）のとおりである。実務的には，インプライド・ボラティリティを使用するのが一般的のようであるが，唯一絶対の正解があるわけではなく，判断主体によって一定のばらつきが生ずるのは避けられない。

図① 正規分布における確率変数と確率密度

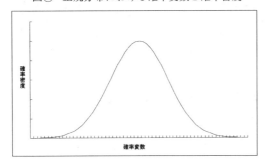

図③ 対数正規分布

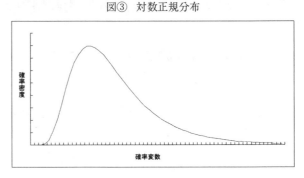

図② 正規分布のイメージ

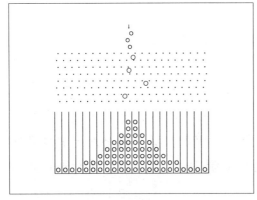

図④ 振れ幅と正規分布の形状の関係

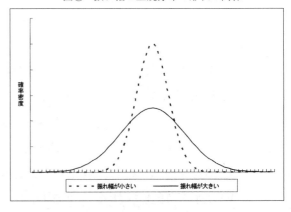

土屋剛俊『〔新版〕デリバティブ信用リスクの管理』31頁～36頁より

エ　原資産のモデル化はオプションのプライシングの第一歩であり，そのモデルを前提に，実際にどのような方法でオプションの理論値を導き出すかという具体的な計算方法には多様なものがある。大別すると，①解析的手法（ブラック＝ショールズ式等），②格子モデルによる手法，③シミュレーションによる手法（モンテカルロ・シミュレーション等）がある。以下，個別にみていく。

(2) ブラック＝ショールズ式

ア　オプション価格を解析的に導き出す計算式の代表的なものがブラック＝ショールズ式である。これは，原資産モデルであるブラック＝ショールズ・モデルを前提に，確率微分方程式，偏微分方程式等の極めて高度な数学的手法を駆使して導出された数式であり，1973年（昭和48年）にフィッシャー・ブラックとマイロン・ショールズの両名によって発表された。ブラック＝ショールズ式は，オプションの価格理論を初めて解析的に示したブレークスルーであり，オプション取引の発展の原動力となった。ちなみに，マイロン・ショールズと本式を数学的に証明したロバート・マートンは，その功績により1997年（平成9年）にノーベル経済学賞を受賞している（フィッシャー・ブラックはその2年前に死亡）。

イ　数式を理解する必要はないが，参考までにブラック・ショールズ式を以下に示す。算出されるコール・オプションの価格（C）及びプット・オプションの価格（P）は，次のとおりとなる[10]。

$$C = S\Phi(d_1) - Ke^{-rt}\Phi(d_2) \qquad P = Ke^{-rt}\Phi(-d_2) - S\Phi(-d_1)$$

$$d_1 = \frac{ln\left(\frac{S}{K}\right) + \left(r + \frac{\sigma^2}{2}\right)t}{\sigma\sqrt{t}} \qquad d_2 = \frac{ln\left(\frac{S}{K}\right) + \left(r - \frac{\sigma^2}{2}\right)t}{\sigma\sqrt{t}} = d_1 - \sigma\sqrt{t}$$

　　　　S：原資産価格
　　　　K：行使価格
　　　　r：金利
　　　　σ：ボラティリティ
　　　　t：満期までの期間（年）
　　　　Φ：累積密度関数[11]

ウ　ブラック＝ショールズ式は，数学的処理が簡単でＰＣの表計算レベルで使いこなせるという利点があり，エキゾチック・オプションのようなものは別として，標準的なヨーロピアン・オプションに関する限り，現在でもオプションのプライシングの世界標準となっている。

　しかし，ブラック＝ショールズ式も万能ではなく，①権利行使日が一定でないアメリカン・オプションやバミューダ・オプションには対応できない，②経路依存型オプションには対応できない，③原資産が複数のオプション（バスケット・タイプ等）には対応できない，④ボラティリティは一定値しか代入できないなどの限界もあり，このような限界を超えるオプションに対しては，ブラック＝ショールズ式を修正して用いるか，格子モデル，シミュレーション法のいずれかによることになる。

(3) 格子モデル

　オプションの時価を評価するそのほかの手法として，格子モデルによる手法がある。この手法は，満期までの期間を離散化し，離散化された期間における原資産の価格の変動をツリー状に仮定した上で，オプションの価値の期待値を求めるものである。特に，原資産の価格が上がった場合と下がった場合の2通りを仮定する手法を二項モデルと呼ぶ。

　二項モデルの例を示すと，現在の株価が1万円で，1年後に30％上昇するか，

---

[10] 式の中にあるlnとは，底をeとするlogの意味である。
[11] 累積密度関数$\Phi(X)$とは，標準正規分布（平均0，標準偏差1の正規分布）におけるXシグマ以下をとる確率のことである。

30％下落する株式Aの，行使価格8000円のコール・オプションの時価を考えてみる。このコール・オプションは，1年後に株価が1万3000円になったとすると5000円の価値を持ち，株価が7000円になったとすると権利放棄を前提に0円となる。

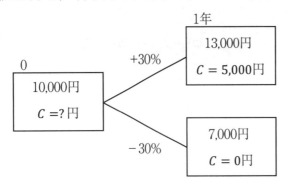

次に，このコール・オプションと同じキャッシュフローを複製するために，株式Aの現物をΔ個保有し，X円を借り入れるポートフォリオを考える。このポートフォリオが上記コール・オプションと同じキャッシュフローを持つためには，株価が上昇した場合，下落した場合のそれぞれにおいて，ポートフォリオの価格とオプションの価値が一致する必要があるので，次の2式を満たす必要がある。なお，借入金X円には金利を付する必要がある（ここでは金利は年1％とする。）。

$$\begin{cases} 13{,}000円 \times \Delta - (1+0.01) \times X円 = 5{,}000円 \\ 7{,}000円 \times \Delta - (1+0.01) \times X円 = 0円 \end{cases}$$

$\Delta = 0.833$　　$X = 5{,}776$円

そうすると，上記コール・オプションは上記ポートフォリオにより複製されているので，コール・オプションの時価はポートフォリオの時価と言い換えることができ，次のとおり計算できることになる。

10,000円×0.833−5,776円=2,554円

実際の二項モデルによる時価評価おいては，さらに期間を増やし，価格の上昇率（下落率）にボラティリティを用いることになる。

(4) モンテカルロ・シミュレーション

原資産をモデル化した上で，確率分布に従った乱数を発生させ，原資産の価格の変動を多数回試行し，満期におけるペイオフの平均値を算出した上で，この現在価値を求めることによりオプションの時価を求めるのが，モンテカルロ・シミュレーション（Monte Carlo simulation）と呼ばれる手法である。

モンテカルロ・シミュレーションでは，原資産の価格の変動を試行することになるので，求められる平均値が毎回異なるが，試行回数を増やすことによりばらつきは小さくなり，究極的にはブラック＝ショールズ式により求めたオプションの理論値と一致することになる。

　単純なオプションであれば，ブラック＝ショールズ式によりオプションの時価を算出することができ，その方が容易に，かつ，一義的な数値を得ることができるが，ブラック＝ショールズ式が取り扱うことのできないタイプのオプション（上記(2)ウ）については，モンテカルロ・シミュレーションによらざるを得ない。他方，原資産の価格の変動をモデル化できれば，モンテカルロ・シミュレーションを用いることにより，どのようなデリバティブであっても時価を算出することは可能となる。

　以下のグラフは，原資産である株式の現在の株価を1万円，ボラティリティを30％，金利を年1％とし，2年間の株価の変動をモンテカルロ・シミュレーションにより試行的に発生させてみた20のサンプルをグラフ化したものである。

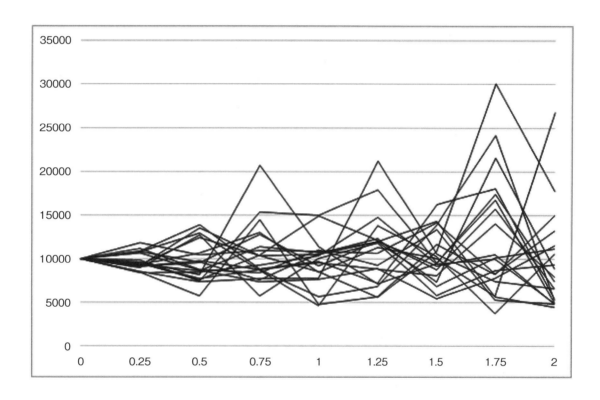

　モンテカルロ・シミュレーションによるコール・オプションの時価の算出は，上記グラフのような株価の変動を無数に繰り返し，満期における株価からコール・オプションの価格を計算し（行使価格以上なら「株価－行使価格」，行使価格未満なら「0」），その平均値を金利で割り引くことになる。

4　クレジット・デリバティブのプライシング

　クレジット・デリバティブにおいては，デフォルトリスクをどのように算定するかが重要となるが，これの算定に当たっての基本的な考え方はこれまでのプライシング

の理論と異なるものではない。通常，市場で取引されている債券の利回りは，企業のデフォルトリスクを反映したものとなっており，この利回りと無リスク金利との差をクレジット・スプレッドと呼ぶ。そして，参照企業がデフォルトに陥らなければ，元本及び利回りを受け取ることができるが，デフォルトに陥った場合は，元本及び利回りのうちの一定の割合しか回収することができない。そこで，このときのキャッシュフローの期待値を求めることにより，デフォルトリスクに係る等式を得ることができる。

　例えば，元本を100万円，無リスク金利を１％，クレジット・スプレッドを３％，１年内にデフォルトする確率（便宜的に，デフォルトは１年に１回しか発生しないものとする。）をＰ，参照企業からの回収率をＲとする。そうすると，参照企業がデフォルトしなければ（確率：１－Ｐ），104万円（利回り：金利１％＋クレジット・スプレッド３％）を取得することができるが，デフォルトすると（確率：Ｐ），104万円×Ｒしか回収することができない。この期待値の現在価値は，無裁定条件により，100万円とならなければならないので，次の式が成り立つ。

$$\{1{,}040{,}000円 \times (1-P) + (1{,}040{,}000円 \times R) \times P\} \times \frac{1}{1.01} = 1{,}000{,}000円$$

$$(1-P) + R \times P = 0.9712$$

$$(1-R) \times P = 0.0288$$

　これにより，例えば，回収率を30％とすると，デフォルトする確率は4.11％となる。

　回収率については，過去のデータを基に一定の数値を推定することになる。また，上記の例では，市場において観測することができるクレジット・スプレッドを用いてデフォルトリスクを求めたが，オプションのプライシングでしたように一定のモデル化をすることにより算出する方法等もある。

第４節　デリバティブの会計上の取扱い
１　原則的な取扱い

　　デリバティブ取引は，時価をもって貸借対照表上の価格とし，評価差額は，原則として，当期の純損益として処理することとされる[12]。会計処理の一例を挙げると，金

---

[12] デリバティブ取引の対象となる金融商品に市場価格がないなどの理由から，時価を把握することが極めて困難な場合，取得価格をもって貸借対照表上の価格とすることが認められている。しかし，通常取引されている金融商品を原資産とするデリバティブであれば，時価を把握することが極めて困難な場合には当たらない。

利スワップ取引を行い，期末における時価が+100であったとすると，以下のような仕訳をすることになる。

①取引時の仕訳例
　　　仕訳なし

②期末の仕訳例
　　　（借方）デリバティブ資産　100　　　（貸方）金利スワップ評価益　100

貸借対照表
（平成28年3月31日）

資産の部	負債の部
デリバティブ資産 100	
	純資産の部
	当期純利益

損益計算書
（平成27年4月1日から平成28年3月31日まで）

売上高
売上原価
売上総利益
販売費及び一般管理費
営業利益
　　　　　　金利スワップ評価益　100
営業外利益
　　　　　　　⋮
当期純利益

　会計基準（「金融商品に関する会計基準」企業会計基準第10号）において定められる時価は，市場価格又は合理的に算定された価額を指す。参照し得る市場価格が存在しない店頭デリバティブ（仕組債も含まれる。）については，合理的に価格を算定する必要があるところ，一般的に，企業においてデリバティブの時価を独自に算定することは極めて困難であるため，取引相手の銀行等が発行する時価報告書の金額をそのまま採用することが多い。

2　ヘッジ会計
　デリバティブ取引は，価格や金利の変動を相殺する目的（ヘッジ目的）で行われることがある。企業におけるデリバティブ取引の実例としては，このヘッジ目的によるものが圧倒的に多いようである。この場合，ヘッジ手段（デリバティブ取引）及びヘッジ対象はそれぞれの基準に従って会計処理されることになるが，ヘッジ対象とヘッジ手段とで損益を認識するタイミングにずれが生ずる場合があり得る[13]。例えば，ヘッ

---

[13] ヘッジ対象，ヘッジ手段のいずれもが時価評価され，損益計算書に評価損益を計上することになる場合は，既にヘッジの目的を達成しているので，ヘッジ会計は不要である。

ジ対象は取得原価で計上されるのに対し，ヘッジ手段は時価評価され，評価損益が損益計算書に計上されるので，時価の変動をヘッジする目的で行ったヘッジ取引であったにもかかわらず，結果的にヘッジ手段の時価変動のみ損益計算書に計上されてしまうことになり，ヘッジの効果を会計上反映できないことがある。そこで，ヘッジ取引の効果を会計上も反映させるため，ヘッジ取引のうち一定の要件を満たすものについて，ヘッジ対象に係る損益とヘッジ手段に係る損益を同一の会計期間において認識するヘッジ会計という手法が認められている（会計基準第29項以下）。

　ヘッジ会計が認められるためには，事前及び事後において，一定の手続的要件を満たす必要がある。これは，ヘッジ会計が会計上の原則的な取扱いを修正するものであるので，恣意的又は場当たり的な会計処理がされることを防ぐためである。

　ヘッジ会計の具体的な方法としては，ヘッジ手段の損益をその発生時に認識しないで，ヘッジ対象の終了の時点まで繰り延べる繰延ヘッジと，ヘッジ手段とヘッジ対象の双方の損益を時価の変動に応じて，それらが発生したときに認識する時価ヘッジがある。我が国の会計基準では主に前者が採用されている[14]。

3　その他

(1) 金利スワップの特例

　　金利スワップのうちヘッジ会計の要件を満たすなどするものについて，金利スワップを時価評価せず，ヘッジ手段とヘッジ対象とを一体のものと考え，実質的に条件が変更された資産又は負債として会計上取り扱うこと（変動金利の債権について金利を固定化するスワップ契約を結んだのであれば，固定金利の債権として取り扱うこと）が特例的に認められている（会計基準（注14））。

(2) 会計方針の注記

　　デリバティブに関する会計方針は，注記表に記載されている（財務諸表等の用語，様式及び作成方法に関する規則8条の2，8条の6の2，8条の8等）。ヘッジ会計が適用されている場合も，ここを見れば確認することができる。

---

[14] 売買目的有価証券，満期保有目的の債券，子会社株式及び関連会社株式以外の有価証券を処理するための資産勘定である「その他有価証券」にある有価証券をヘッジする場合にのみ，時価ヘッジが適用される。

第3章　デリバティブの法規制と周辺制度

第1節　デリバティブに係る業法上の規制等
1　金商法
(1)　金商法の成り立ち

　　金商法の歴史は，昭和23年法律第25号として制定された「証券取引法」に遡る。その後，我が国の証券市場の実情に合わせて数次にわたる改正が行われたが，平成18年改正により，全面的な再編が行われ，法律の題名も証券取引法から「金融商品取引法」に改められた。それまでの金融商品に係る利用者保護法制においては，業態ごとの縦割りの業法の存在により，それぞれで取り扱われる金融商品ごとに異なる規制が存在したが，金融サービスの融合化の進行を踏まえ，幅広い金融商品について包括的・横断的な利用者保護の枠組みを整備し，利用者保護を拡充しようとしたものである。

(2)　金商法とデリバティブ取引

　　日本におけるデリバティブ取引の法規制は平成10年の金融システム改革法で初めて本格的に導入され，銀行法，旧証券取引法と金融先物取引法に規定が設けられた。ちなみに，店頭デリバティブ取引について定義を置いた世界最初の立法であった。有価証券に関するデリバティブ取引が旧証券取引法で証券会社に限定された以外は，銀行，証券会社がデリバティブ取引に携わることができることが各付随業務として明確化されただけで，参入規制，業規制等についての明確な基準は設けられておらず，異業種（例えば商社）からの参入も可能であった。さらに，金融先物取引法という別個の法律が存在するなどの複雑な法体系であったところ，金融商品取引法への全面的な再編が行われた平成18年改正により，有価証券関連デリバティブ以外の金融デリバティブ取引が金商法の対象として取り込まれることとなった[1]（その具体的な定義等については，第1章第1節1(1)（4頁）参照）。

　　なお，銀行法，保険業法その他の個別業法では，金商法の規定を準用する形で横断的規制が行われるようになっていることから，現在，金商法がデリバティブ取引に関する基本的な業規制を行う業法ということになる。

　　そして，金商法上，業として行うデリバティブ取引は，いわゆるデリバティブ・プロを相手方とする店頭デリバティブ取引（有価証券関連店頭デリバティブ取引を除く。）が金融商品取引業から除外される（金商法2条8項，同法施行令1条の8の6第1項2号）ほか，基本的に「第一種金融商品取引業」に該当することになり（同法28条1項1号，2号），内閣総理大臣（金融庁長官）の登録（同法29条）が

---

[1]　法制定の経緯については，木下正俊「金融商品の販売・勧誘ルールとしての説明義務と適合性原則について」（広島法科大学院論集第5号1頁・2009年）が詳しい。

必要となり，その監督に服することになる（同法51条以下）。

(3) 金商法の主要な行為規制

金商法の利用者保護法制としては，①企業内容等の開示規制（ディスクロージャー），②金融商品取引業者の業規制（登録制度，金融庁による監督等），③金融商品取引業者の行為規制（誠実義務，契約締結前書面の交付，禁止行為，損失補てんの禁止，適合性原則等），④全ての市場参加者に課せられる不公正取引等の規制（不正行為，風説の流布，相場操縦行為，空売りの禁止等）等があるが，本書との関係では，金融商品取引業者の行為規制が重要であることから，以下で，金商法上の行為規制の主要なものを取り上げる[2]（以下，この項において，金商法は「法」と略称し，引用条文の項はローマ数字，号は丸数字で表記する。）。金融商品取引業者が特定投資家との間で取引を行う場合には，行為規制のうちその一部が適用されない（同法45条）。

ア　取引態様の明示（法37条の2）

業者は，顧客からの注文を受けたときは，顧客に対し，自己がその相手方となって売買若しくは取引を成立させるか，又は媒介や取次等であるかの別をあらかじめ明らかにしなければならないというものである。これは，後記の契約締結前書面の交付と並んで，説明義務の一環と位置付けられるものである。この規定の実質的な趣旨は，業者が顧客との間で利益相反問題の弊害が生じることを防止する点にある。すなわち，業者が自ら顧客の相手方となる取引においては業者は売買差益をその収益とすることができ，業者が媒介等によって取引を成立させる場合には業者は手数料をその収益とすることができることから，業者が，顧客から注文を受けた時に，いかなる取引態様を採るかを明示することが求められているものである。

イ　契約締結前書面の交付（法37条の3）

(ア)　業者は，顧客と金融商品取引契約を締結しようとするときは，顧客に対し，取引の概要等を記載した書面（以下「契約締結前交付書面」という。）を交付しなければならない。この規定は，説明義務の金商法における現れと位置付けられるものであるが，開示規制における目論見書交付義務（法15条Ⅱ）との整合性から，契約締結前書面の交付義務という体裁になったとされる。ただし，法定の事項を記載した書面を形式的に顧客に交付すれば足りるというものではなく，より実質的な説明義務の履践が求められていることについては，後記(エ)を参照のこと。

(イ)　契約締結前交付書面の記載事項は，共通記載事項と金融商品・取引に応じた追加的な記載事項に分類され，多岐にわたるが，主要なものを以下に挙げておく。

---

[2] 神田秀樹＝黒沼悦郎＝松尾直彦編『金融商品取引法コンメンタール2－業規制』（商事法務・2014年）224頁以下

（共通記載事項）
・金融商品取引業者の同定情報（法37条の3Ⅰ①・②）
・金融商品取引契約の概要（法37条の3Ⅰ③）
・委託証拠金等の額・計算方法（法37条の3Ⅰ⑦，金商業府令82条②，金融商品取引法施行令16Ⅰ②）
・手数料等（法37条の3Ⅰ④）
・元本損失・元本超過損が生ずるおそれ（法37条の3Ⅰ⑤・⑥）
・上記損失を生じさせる指標，その理由（法37条の3Ⅰ⑦，金商業府令82条③〜⑥）
　（デリバティブ取引の追加的記載事項）
・債務の履行方法，決済する方法（法37条の3Ⅰ⑦，金商業府令93条Ⅰ②）
・委託証拠金その他の保証金の種類，金額の計算方法等（同項④）
・デリバティブ取引に関する主要な用語，その他の基礎的な事項（同項⑦）
　（店頭デリバティブ取引の追加的記載事項）
・カバー取引を行う場合にはその取引市場又はその取引相手方に関する事項（法37条の3Ⅰ⑦，金商業府令94条Ⅰ①）
・預託を受けた又は担保に供された顧客の財産の分別管理の方法・預託先（法37条の3Ⅰ⑦，金商業府令94条Ⅰ④）

　(ｳ)　契約締結前交付書面の記載方法についても具体的な規制が設けられており，法37条の3の記載事項のうち，手数料等の概要，元本損失・元本超過損が生ずるおそれ，店頭デリバティブ取引のカバー取引の取引市場又は取引相手方に関する情報及び預託を受けた又は担保に供された顧客の財産の分別管理の方法・預託先等について，枠の中に12ポイント以上の大きさの文字・数字を用いて明瞭かつ正確に記載しなければならず（金商業府令79条Ⅱ），顧客の判断に影響を及ぼすことになる特に重要なものを，12ポイント以上の大きさの文字・数字を用いて，最初に平易に記載しなければならないこととされている（同条Ⅲ）。
　(ｴ)　業者が顧客に対して契約締結前書面を交付する際には，「顧客の知識，経験，財産の状況及び金融商品取引契約を締結する目的に照らして当該顧客に理解されるために必要な方法及び程度による説明」をしなければならないものとされる（法38条⑧，金商業府令117条Ⅰ①）。この文言は，金販法3条2項と実質的に同一であり，適合性の原則を定める法40条1号とも整合的な文言となっている。説明義務の実質化を図ったものであり，適合性原則の現れと理解されるものである。

　ウ　契約締結時の書面，保証金受領書面の交付
　　業者は，金融商品取引契約が成立したときは，顧客に対し，遅滞なく，成立した契約の概要や手数料等を記載した書面を交付しなければならない（法37条の4Ⅰ，金商業府令99〜102条）。これは，成立した金融商品取引契約のうち一定の

重要な事項について顧客が確認することを目的とするものである。

業者は，顧客から預託を受けた金銭・有価証券等を受領したときには，保証金の受領に係る書面を交付しなければならない（法37条の5Ⅰ，金商業府令113条・114条）。

エ　断定的判断の提供の禁止（法38条②）

顧客に対し，不確実な事項について断定的判断を提供し，又は確実であると誤解させるおそれのあることを告げて金融商品取引契約の勧誘をする行為が対象となる（なお，消費者契約法4条1項2号，金販法4条参照）。

オ　不招請勧誘の禁止（法38条④）

デリバティブ取引に係る勧誘規制は，通常の金融商品取引契約よりも厳しく，不招請勧誘の禁止（法38条④），顧客の勧誘受諾意思確認義務（法38条⑤），再勧誘の禁止等（法38条⑥）などの規制が設けられていて，対象となる取引の範囲も異なっている。このうち，最も厳しい規制である不招請勧誘の禁止の規定は，廃止された金融先物取引法76条4号を引き継いだものであり，契約の締結を要請していない顧客に対して，訪問し又は電話をかけて，一定の店頭デリバティブ取引の締結を勧誘する行為が対象となる。対象となる店頭デリバティブ取引は，金商法施行令16条の4第1項に定められており，投資家保護が最も強く要請されていると考えられている，差金決済ができる先渡取引，指標スワップ取引，オプション取引，個人である顧客を相手方とする店頭デリバティブ取引がこれに当たる。

カ　適合性の原則（法40条）

適合性の原則は，契約締結前書面の交付等による説明義務と並んで，利用者保護のための販売・勧誘に関するルールの柱となるべき原則である（その詳細は，第5章第1節（97頁）に譲る。）。

2　金融庁の監督指針

(1)　監督指針の意義

金融庁は，金商法への改組による横断的かつ包括的な投資者保護ルールの整備等を受け，多様化している金融商品取引業者に対し，監督上の対応を的確に行うことが求められているとして，日常の監督事務を遂行するため，金融商品取引業者に対し，監督の考え方や監督上の着眼点と留意点，具体的監督手法等を整備し，これを「金融商品取引業者等向けの総合的な監督指針」（以下，本項において「監督指針」という。）として公表している[3]。なお，監督指針は，金融庁の対象業者に対する監督方法に関する考え方を示したものにすぎず，それ自体が法的拘束力を有するものではない。また，監督指針において示された考え方に反する行為等があったとしても，金融庁による業務改善命令などの，監督上の処分の原因となり得るだけであり，

---

[3]　金融庁のウェブサイトで公開されている。

対象業者と顧客との取引に対して直接の法的効力を及ぼすものではない。しかし，対象業者の逸脱等が甚大であれば，不法行為の請求原因を構成する可能性はあろう。

ただし，監督指針は，金融商品取引業者等の実態を十分に踏まえ，様々なケースに対応できるように作成したものであり，これに記載されている監督上の評価項目の全てを各々の金融商品取引業者等に一律に求めているものではないとされており，このような監督指針の性格は十分に認識しておく必要があろう。具体的には，監督指針の適用に当たっては，各評価項目の字義どおりの対応が行われていない場合であっても，公益又は投資者保護等の観点から問題のない限り，不適切とするものではないことに留意し，機械的・画一的な運用に陥らないように配慮する必要があるとされており，他方，評価項目に係る機能が形式的に具備されていたとしても，公益又は投資者保護等の観点からは必ずしも十分とはいえない場合もあることに留意する必要があるとされている[4]。

(2) 監督指針の概要（適合性原則）

監督指針では，適合性原則について，業者は，金商法40条の規定に基づき，顧客の知識，経験，財産の状況，投資目的やリスク管理判断能力等に応じた取引内容や取引条件に留意し，顧客属性等に則した適正な投資勧誘の履行を確保する必要があり，そのために，顧客の属性等及び取引実態を的確に把握し得る顧客管理態勢を確立することが重要であると指摘されている[5]。その上で，以下の点が留意点として示されている（特に，インターネット取引については，その非対面性に鑑みて細心の注意を払うものとされている。）。

ア　顧客属性等の的確な把握及び顧客情報の管理の徹底

(ア) 顧客の投資意向，投資経験等の顧客属性等を適時適切に把握するため，顧客カード等については，顧客の投資目的・意向を十分確認して作成し，顧客カード等に登録された顧客の投資目的・意向を金融商品取引業者と顧客の双方で共有しているか。また，顧客の申出に基づき，顧客の投資目的・意向が変化したことを把握した場合には，顧客カード等の登録内容の変更を行い，変更後の登録内容を金融商品取引業者と顧客の双方で共有するなど，投資勧誘に当たっては，当該顧客属性等に則した適正な勧誘に努めるよう役職員に徹底しているか。

(イ) 元本の安全性を重視するとしている顧客に対して，通貨選択型ファンドなどのリスクの高い商品を販売する場合には，管理職による承認制とするなどの慎重な販売管理を行っているか。

(ウ) 内部管理部門においては，顧客属性等の把握の状況及び顧客情報の管理の状況を把握するように努め，必要に応じて，顧客属性等に照らして適切な勧誘が行われているか等についての検証を行うとともに，顧客情報の管理方法の見直

---

[4] 監督指針（平成28年6月）I-2-1
[5] 監督指針（平成28年6月）III-2-3-1

しを行う等，その実効性を確保する態勢構築に努めているか。
　イ　顧客の取引実態の的確な把握及びその効果的活用
　　(ア)　顧客の取引実態の把握については，例えば，顧客口座ごとの売買損，評価損，取引回数，手数料の状況等といった取引状況を，顧客の取引実態の把握の参考としているか。
　　(イ)　取引実態の把握において，取引内容を直接顧客に確認する必要があると判断した顧客については，例えば各営業部門における管理責任者等（担当者以外の責任者で内部管理責任者，部店長等を含む。以下同じ。）による顧客面談等を適時・適切に実施し，取引実態の的確な把握に努めているか。また，契約締結以降も，長期にわたって取引が継続するデリバティブ取引等の実態の把握について，同様の取組をしているか。
　　(ウ)　内部管理部門においては，各営業部門における管理責任者等が行う顧客面談等に係る具体的な方法を定め，当該方法を役職員に周知徹底するとともに，顧客面談等の状況を把握・検証し，当該方法の見直し等，その実効性を確保する態勢を構築するよう努めているか。
(3)　監督指針の概要（説明責任）
　　監督指針では，店頭デリバティブ取引の説明責任に係る留意事項を定めており，通貨オプション取引・金利スワップ取引等における説明責任については，以下の事項について具体的に分かりやすい形で解説した書面を交付する等の方法により，適切かつ十分な説明をしているかという点が留意点として示されている（仕組債についても，これに準ずるものとされている。）[6]。なお，この点に係る監督指針は平成22年の改正（平成22年4月16日より適用）において追加されたものである。
　ア　当該店頭デリバティブ取引の商品内容やリスクについて
　　(ア)　最悪シナリオを想定した想定最大損失額
　　　　当該店頭デリバティブ取引の対象となる金融指標等の水準等（必要に応じてボラティリティの水準を含む。）に関する最悪のシナリオ（過去のストレス時のデータ等合理的な前提を踏まえたもの。）を想定した想定最大損失額について，前提と異なる状況になればさらに損失が拡大する可能性があること。
　　(イ)　リスクの許容額
　　　　当該店頭デリバティブ取引において，顧客が許容できる損失額及び当該損失額が顧客の経営又は財務状況に重大な影響を及ぼさないかを確認し[7]，上記の最悪シナリオに至らない場合でも許容額を超える損失を被る可能性がある場合

---

[6]　監督指針（平成28年6月）Ⅳ-3-3-2(3)(4)(5)(6)
[7]　監督指針改訂に当たって行われたパブリックコメントに対して金融庁が示した「金融庁の考え方」（同庁ウェブサイトで公表）では，この点について「顧客の申出等により確認することを想定しており，業者自身が独自に調査等を行うことまでを求める趣旨ではありません」，「顧客の財務状況等についても一定程度把握することが求められるものと考えられますが，必ずしも，財務諸表等の提出までを求めるものではないと考えられます」とされている。

は，金融指標等の状況がどのようになれば，そのような場合になるのか。
イ 当該店頭デリバティブ取引の中途解約及び解約清算金について
　(ア) 中途解約の可否
　　当該店頭デリバティブ取引が原則として中途解約できないものである場合にはその旨について。
　(イ) 解約清算金（最悪シナリオを想定した試算額等）
　　当該店頭デリバティブ取引を中途解約すると解約清算金が発生する場合にはその旨及び解約清算金の内容（金融指標等の水準等に関する最悪シナリオを想定した解約清算金の試算額及び当該試算額を超える額となる可能性がある場合にはその旨を含む。）について。
　(ウ) 解約清算金の許容額
　　当該店頭デリバティブ取引において，顧客が許容できる解約清算金の額を確認し，上記の最悪シナリオに至らない場合でも許容額を超える損失を被る可能性がある場合は，これについて。
ウ 提供する店頭デリバティブ取引がヘッジ目的の場合の取引について
　当該取引について以下が必要であることを顧客が理解しているかを確認し，その確認結果を踏まえて，適切かつ十分な説明をしているか[8]。
　(ア) ヘッジ手段としての有効性
　　顧客の事業の状況や市場における競争関係を踏まえても，継続的な業務運営を行う上で有効なヘッジ手段として機能すること（例えば，為替や金利の相場が変動しても，その影響を軽減させるような価格交渉力や価格決定力の有無等を包括的に判断することに留意）。
　(イ) ヘッジ機能の継続性
　　上記に述べるヘッジ手段として有効に機能する場面は，契約終期まで継続すると見込まれること（例えば，ヘッジ手段自体に損失が発生していない場合であっても，前提とする事業規模が縮小されるなど顧客の事業の状況等の変化により，顧客のヘッジニーズが左右されたりヘッジの効果がそのニーズに対して契約終期まで有効に機能しない場合があることに留意）。
　(ウ) 経営への悪影響
　　顧客にとって，今後の経営を見通すことがかえって困難とすることにならないこと（ヘッジによる仕入れ価格等の固定化が顧客の価格競争力に影響を及ぼし得る点に留意）。
エ 時価情報等の通知
　顧客の要請があれば，定期的又は必要に応じて随時，顧客のポジションの時価

---

[8] 前掲注7の「金融庁の考え方」によれば，「金融商品取引業者が直接確認するのではなく，顧客がその点を理解していることを確認することが必要と考えられます」とされている。

情報や当該時点の解約清算金の額等を提供又は通知する等，顧客が決算処理や解約の判断等を行うために必要となる情報を適時適切に提供しているか[9]。

オ　その他留意点

加えて，監督指針では，①顧客が説明を受けたことを確認するため，例えば顧客から確認書等を受け入れ，これを保存する等の措置をとっているか，②当該店頭デリバティブ取引に係る顧客の契約意思の確認について，契約の内容・規模，顧客の業務内容・規模・経営管理態勢等に見合った意思決定プロセスに留意した意思確認を行うことができる態勢が整備されているか（例えば，契約しようとする店頭デリバティブ取引が顧客の今後の経営に大きな影響を与えるおそれのある場合，当該顧客の取締役会等で意思決定された上での契約かどうかを確認することが重要となることに留意）についても留意点として示されている。

3　日本証券業協会等の自主規制

(1)　日本証券業協会

日本証券業協会は，証券会社及び金融機関等の金融商品取引業者を協会員とし，協会員の行う有価証券の売買その他の取引等を公正かつ円滑ならしめ，金融商品取引業の健全な発展を図り，もって投資者の保護に資することを目的として，昭和48年（1973年）7月に設立された法人であり，金商法上，内閣総理大臣の認可を受けた認可金融商品取引業協会に位置付けられる（金商法67条以下）[10]。

日本証券業協会においては，定款に基づき，①自主規制業務，②金融商品取引等及び市場の発展に資する業務，③国際業務・国際交流などの業務を行っており，このうち①自主規制業務として，自主規制規則を定め，協会員に対し，同規則を遵守するように指導・監督を行うとともに，協会員が同規則に違反する場合には，一定の制裁（処分，勧告等）を課すなどしている。また，日本証券業協会は認可金融商品取引業協会に当たることから，店頭売買有価証券市場を開設することができ（金商法67条2項），かつては証券取引法の下でＪＡＳＤＡＱ市場を開設していたものの，平成16年12月13日に同市場を金融商品取引所に改組したことから，現在，店頭売買有価証券市場は開設していない。

---

[9] 前掲注7の「金融庁の考え方」によれば，その趣旨について，「顧客の側には，店頭デリバティブ取引を適時に解約し，当該取引に伴う損失を一定範囲内に止めるために，当該取引に係る損失額や解約清算金の額が一定水準に達したことを適時に把握するニーズが存在しうるものと考えられます」とされており，契約締結の判断のためというよりは，むしろ解約時期についての判断のための情報提供という意味合いが強いものと考えられる。

[10] 金商法においては，金融商品取引業協会として，認可金融商品取引業協会と認定金融商品取引業協会の2種類を規定し，証券取引法に基づき設立された証券業協会を，平成18年に金商法に再編改正された際に認可金融商品取引業協会と位置付け，一般法人法に基づき設立された一般社団法人を認定金融商品取引業協会と位置付けた。現在，認可金融商品取引業協会は「日本証券業協会」のみであり，認定金融商品取引業協会としては「金融先物取引業協会」，「投資信託協会」，「日本証券投資顧問業協会」がある。

(2) 日本証券業協会の自主規制規則

　ア　日本証券業協会において定める主な自主規制規則としては,「協会員の投資勧誘,顧客管理等に関する規則」(以下,この項において「規則」という。)がある。最近の改正として,金融庁が平成22年9月に公表した「デリバティブ取引に対する不招請勧誘規制等のあり方について」において,店頭デリバティブ取引に類する複雑な仕組債や投資信託について,勧誘開始基準や合理的根拠適合性を自主規制ルールとして策定することを求められたことを受け,平成23年2月に規則を改正し,同年4月から実施している。自主規制規則も,協会員と顧客との取引に対して直接の法的効力を及ぼすものではなく,違反行為が協会による処分理由を構成するだけであるが,逸脱等が甚大であれば,不法行為の請求原因を構成する可能性はあろう。

　イ　上記改正後の規則においては,「協会員は,顧客の投資経験,投資目的,資力等を十分に把握し,顧客の意向と実情に適合した投資勧誘を行うよう努めなければならない。」(3条2項),「協会員は,当該協会員にとって新たな有価証券等(略)の販売(略)を行うに当たっては,当該有価証券等の特性やリスクを十分に把握し,当該有価証券等に適合する顧客が想定できないものは,販売してはならない。」(同条3項),「協会員は,有価証券の売買その他の取引等に関し,重要な事項について,顧客に十分な説明を行うとともに,理解を得るよう努めなければならない。」(同条4項),「協会員は,投資勧誘に当たっては,顧客に対し,投資は投資者自身の判断と責任において行うべきものであることを理解させるものとする。」(4条)などと定めるほか,顧客の職業,生年月日,資産の状況,投資経験の有無等を記載した顧客カードの整備(5条),勧誘開始基準(5条の2)及び取引開始基準(6条)の制定・遵守等,注意喚起文書の交付等(6条の2),顧客からの確認書の徴求(8条)等を定めている。

　ウ　これらのうち,特にデリバティブ関係訴訟との関係で重要と思われるものを中心に若干補充する。

　　㋐　合理的根拠適合性(3条3項)

　　　平成22年改正で導入されたものである。具体的には,①対象デリバティブ取引の商品性の確認(リスク〔価格変動リスク,信用リスク,流動性リスク等〕の種類とその大きさ並びに費用〔顧客が支払う費用についての合理性,顧客の納得性を含む。〕及びパフォーマンス〔同種スキームとの比較,より安価な代替取引の有無を含む。〕の検討を含む。),②投資家についての確認(販売対象となるべき顧客の有無や範囲の検証と,販売対象顧客に制限を付すことの可否,及び付す場合の内容の検討を含む。),③販売方法についての確認を行うことが協会員に求められるとされる[11]。

---

[11] 和仁亮裕「デリバティブ取引と紛争解決」金融法務事情1951号37頁

(ｲ) 顧客カードの整備（5条）

この「顧客カード」は，適合性原則違反が主張される事案では，真っ先に提出されるべき必須の訴訟資料となる。

(ｳ) 勧誘開始基準（5条の2）

顧客に対し，店頭デリバティブ取引に類する複雑な仕組債[12]又は投資信託等に係る販売を勧誘する場合には，勧誘開始基準を定め，当該基準に適合した者でなければ，当該販売の勧誘を行ってはならないものとされる。

(ｴ) 注意喚起文書（6条の2）

販売する商品のリスクに関する注意事項や金融ＡＤＲ（紛争解決）機関の連絡先等を記載した注意喚起文書を顧客に交付するものとされる。

(ｵ) 確認書の徴求（8条）

販売する商品について，最悪のケースを想定した損失額，中途での売却制限や売却試算額等を顧客に説明すること，顧客に重要な事項を説明したこと，そして，顧客からリスク・手数料等の内容を理解したことについての確認書を受け取るものとされる。これは，金商法が要求する契約締結前交付書面とともに，説明義務違反が争われる事件で必須の資料となるものである。

(3) 金融先物取引業協会の自主規制

金融商品取引法の施行以前は，旧証券取引法と旧金融先物取引法が別の法律とされていたことは前記第1節1(2)（67頁）のとおりであるが，旧金融先物取引法上の認可協会として存在していた「金融先物取引業協会」は，金融商品取引法の下でもそのまま認定金融商品取引業協会として位置付けられている。その結果，旧証券取引法の対象としていた有価証券関連デリバティブについては日本証券業協会の規則が，旧金融先物取引法の対象としていた金融先物デリバティブについては金融先物取引業協会の自主規制規則である「金融先物取引業取扱規則」が，それぞれ適用されることとなる。例えば，外国為替証拠金取引（ＦＸ取引）におけるフィルタリングは，この金融先物取引業取扱規則が定めている（後記第4章第6節（95頁）参照）。

---

[12] 「店頭デリバティブ取引に類する複雑な仕組債」として，具体的には，ＥＢ債（他社株転換社債），エクイティ指数リンク債，条件付デュアルカレンシー債が該当する場合があるとされる（日本証券業協会のホームページ（http://www.jsda.or.jp/sonaeru/risk/tentou.html）参照）。

方式又はロス（損害）方式のいずれの方式によっても容易に対応できない複雑な金融商品が増加するなどしたことから，これらの方式に縛られない柔軟な算定を可能にするため，2002年版ＩＳＤＡマスター契約において，クローズアウト・アマウントで算出するもの（いわば清算金額の計算方法の自由化）と改訂された[14]。もっとも，日本法の損害論イメージで考える限り，実質的に異なった考え方が示されたわけではない。

このように中途解約時の清算金額の計算方法が自由化されたことによって，算出手続と算出金額の妥当性の検証がより重要となったともいえる[15]。

(エ) クローズアウト・アマウントの算定をいつの時点で行うかについては，契約終了日現在を原則としつつ，それが商業的に合理的でない場合には，その後の商業的に合理的な日現在で決定されることとされている（2002年版ＩＳＤＡマスター契約14条）。これは，リーマン・ショック時のような混乱時には，市場見積りも，理論値算出のための指標も大きく歪められており，合理的な算定ができないことを想定した条項とされる。

(オ) また，一方当事者に倒産等の期限の利益喪失事由等が発生した場合，当該事由に関係する特定のデリバティブ取引のみではなく，当事者間の全てのデリバティブ取引について，再構築コストと未払金額を算出し，合算して一つの債権又は債務に置き換えて清算することとなり，これをクローズアウト・ネッティング（一括清算，Close-Out Netting）という。これにより，期限の利益喪失事由や終了事由の発生に伴い，他方の当事者に発生したリスクを合算後の金額に限定することが可能となり，信用リスク削減に資する取引手法であるといえる。このような約定の効力と倒産法との関係については，第５章第７節(149頁)で後述する。

2　金融商品取引所

(1) 平成25年１月，東京証券取引所グループ（東証）と大阪証券取引所（大証）が経営統合し，日本取引所グループ（ＪＰＸ）が誕生した。これに伴い，平成26年３月，デリバティブ市場は大阪取引所(旧大阪証券取引所を改称)に統合されることとなった。他の主要な国内取引所には東京金融取引所がある。

なお，金融商品取引所は，金商法80条以下の規制を受ける。

(2) デリバティブ取引に取引所取引と店頭（ＯＴＣ）取引があることは前述したが，その違いをここで説明しておく。

ア　まず，取引所で取引されるデリバティブは，原資産，限月，取引単位などの取

---

[14] 改訂の経緯については，ＩＳＤＡ Japan ドキュメンテーション・コミッティ「2002年版ＩＳＤＡマスター契約概説書」54，55頁で解説されている。
[15] 和仁亮裕「期限前終了したＩＳＤＡマスター契約に基づくデリバティブ取引の損害の範囲及び損害の算定基準日」判例評論682号12頁（判例時報2271号158頁）参照

引仕様が規格化（レディメイド）された上場商品であって，上場の届出（金商法121条）が要求されるのに対し，店頭取引は，当事者間の合意（契約）によっていかなる内容にも仕立てることができるオーダーメイド取引である。

イ 次に，取引所取引においては，取引所又は清算機関が全ての取引のカウンターパーティ（債権債務の当事者）になるという点に大きな特色がある。その結果，店頭取引では，契約の相手方の倒産等の信用リスク（カウンターパーティ・リスク）にさらされるのに対し，取引所取引では，取引所が信用リスクを肩代わりしてくれることになる。その一方で，取引所としてのリスク管理も当然必要となり，その基本として「値洗い」と「証拠金の預託」が必須とされている。

ウ また，取引所取引と店頭取引とでは，商品としての流動性に大きな差があるのが通常であり，取引所取引では，反対売買（転売・買戻し）による期日前決済が可能であるのに対し，店頭取引では，そのような反対売買を成立させる市場が成立していないことが多く，契約上も期日前の解約は制約されているのが通常である（後述する解約清算金の支払もなしに解約ができるとすれば，それ自体がオプションとしての性格を持つことになり，その対価が組み込まれるはずである。）。

(3) 現在取引されている主な上場デリバティブ商品及びその取引高等は，下記の表にあるとおりである。

概観すると，まず原資産について，株式系と債券系に大別され，そのそれぞれについて，先物取引とオプション取引がある。これに対し，スワップは基本的に店頭（OTC）取引の世界である。株式系では，先物取引でもオプション取引でも，原資産として人気のあるのは日経２２５であり，これは日経平均株価をインデックスとする指数先物，指数オプションである。なお，適合性原則違反と不法行為の成否に関する基本判例となった平成17年最判の事案も，日経平均株価オプションに関するものであった。債券系では，長期国債先物が取引ボリュームで他を圧倒している。

なお，ＪＰＸによると，デリバティブ市場取引高は，平成17年から平成27年までの10年間で約５倍に成長しているとのことである。

主要商品の取引データ（2015年）

	商　品	取引高	前年同期比	取引代金	権利行使数量	建玉残高
株式／先物	日経225先物	27,678,234	+6.8%	527,716,721	―	416,961
	日経225mini	247,159,359	+24.1%	472,271,571	―	370,373
	TOPIX先物	22,303,956	+6.8%	345,213,699	―	602,235
	ミニTOPIX先物	4,314,181	-9.0%	6,646,530	―	22,097
	JPX日経インデックス400先物	10,474,332	+552.1%	14,627,916	―	220,725
	TOPIX Core30先物	4,772	+22.5%	3,698	―	658
	東証REIT指数先物	175,450	+32.4%	305,914	―	11,093
	東証銀行業先物	22,604	-21.2%	47,621	―	142
	日経平均・配当指数先物	6,272	-20.0%	1,645	―	6,570
	日経VI先物	218,280	+5.7%	49,564	―	4,409
	NYダウ先物	74,958	+6.8%	131,193	―	297
	インドNifty50先物	3,950	+232.5%	3,232	―	15
株式／オプション	日経225オプション	37,995,318	-13.6%	6,715,980	1,480,811	1,778,446
	うち週次設定限月(Weeklyオプション)	188,422	―	8,824	8,565	248
	TOPIXオプション	329,529	+2.9%	74,031	100,252	19,145
	有価証券オプション	834,886	-21.4%	6,194	227,844	69,594
債券／先物	長期国債先物	8,677,576	-1.3%	1,281,904,551	―	95,509
	ミニ長期国債先物	40,562	+91.6%	598,456	―	297
	超長期国債先物	2,978	-40.9%	453,399	―	127
債券／オプション	長期国債先物オプション	1,142,738	+0.8%	143,991	34,748	10,664

（単位，百万円）

JPX Derivatives Market Highlights 2016年1月号より

3　中央清算機関（CCP）

　リーマン・ショック後に生じたシステミック・リスクの教訓を踏まえて，店頭デリバティブ取引規制の強化が国際的に図られることとなり，我が国においても，平成24年以降，一定の店頭デリバティブ取引について，金融商品取引清算機関の利用が義務付けられることとなり（金商法156条の62，店頭デリバティブ府令），また，任意の取引においても，更なる利用の拡張が進められている[16]。

　これは，店頭（OTC）デリバティブにおいても，取引所取引と同様に，中央清算機関（CCP, Central Counterparty）にカウンターパーティ・リスクを肩代わりしてもらい，カウンターパーティの破綻によるリスクの波及（システミック・リスクの発生）を防止することを期待するものである。現在，店頭デリバティブ取引に係る金融商品取引清算機関としての役割は，株式会社日本証券クリアリング機構が担っている。

　また，CCPで中央清算されない店頭デリバティブ取引で，一定の範囲のものについては，担保（当初証拠金，変動証拠金）の差入れが一定の金融商品取引業者及び登録金融機関に義務付けられている（金商法40条2号，金商業府令123条1項21号の5，6）。

4　金融ADR
(1)　金融ADRについて

---

[16] 杉本浩一＝福島良治＝若林公子『スワップ取引のすべて〔第5版〕』357頁，藤瀬裕司「店頭デリバティブ取引等の清算集中義務」金融法務事情1951号4頁

ア　金融ＡＤＲ制度は，金融分野における裁判外紛争解決制度（Alternative Dispute Resolution）の通称であり，金融商品・サービスの多様化・複雑化が進む中で，利用者と金融機関等との間で，金融商品・サービスに係るトラブルが増加し，これらの金融トラブルを解決するために，平成21年６月17日，「金融商品取引法等の一部を改正する法律」（平成21年法律第58号）により，金融商品取引法や銀行法を始めとする16の金融関連業法が改正されることによって創設された制度である。

　このような金融分野における裁判外の簡易・迅速なトラブルの解決のための制度を構築することにより，利用者にとって納得感のあるトラブル解決を通じ，利用者保護の充実を図るとともに，金融商品・サービスに関する利用者の信頼を向上させることが，金融ＡＤＲ制度創設の目的であるとされる[17]。

　金融分野においては，金融ＡＤＲ制度の創設前においても，業界団体による自主的な苦情処理・紛争解決の取組が行われてきたことから，このような取組を踏まえて，金融ＡＤＲ制度では，業態（銀行，保険，証券等）ごとに任意に，申請を受けた内閣総理大臣により，民間の法人・団体を「指定紛争解決機関」に指定して設置することができるものとし，業態ごとに設置された指定紛争解決機関において，紛争解決等業務が行われることとなる（金融商品取引法156条の42第１項）。

　イ　デリバティブ取引に係わる指定紛争解決機関としては，一般社団法人全国銀行協会（以下「全銀協」という。）が，平成22年９月15日付けで銀行法52条の62第１項及び農林中央金庫法95条の６第１項の各規定による内閣総理大臣（農林水産大臣）の指定を受け，同年10月１日に銀行業務及び農林中央金庫業務全般に関する苦情処理と紛争解決手続に係る業務を開始した。また，日本証券業協会等の自主規制団体により設立された特定非営利活動法人証券・金融商品あっせん相談センター（Financial Instruments Mediation Assistance Center。略称「ＦＩＮＭＡＣ」）は，証券業務に関し，平成22年２月から紛争解決等業務を開始し，平成23年４月１日からは指定紛争解決機関として証券会社等の金融商品取引業者等が行った金融商品取引に関する苦情処理・あっせん業務等を行っている。また，指定紛争解決機関が存在しない業態の金融ＡＤＲとしては，弁護士会仲裁センター等におけるものがある。

(2)　手続の概要等について

　金融ＡＤＲの手続は，大きくは，苦情処理手続と紛争解決手続（以下「あっせん手続」という。）に分けられ（金融商品取引法156条の42第１項，156条の38第11項），あっせん手続に進むには，苦情処理手続を前置するものとされている。

　ア　苦情処理手続

　利用者が金融ＡＤＲ機関に対し苦情の申出をすると，金融ＡＤＲ機関から相手

---

[17] 大森泰人ほか『詳説金融ＡＤＲ制度（第２版）』31頁

方である金融機関等に対し解決依頼がされ，金融機関等において対応等を検討し，利用者との間で，直接又は金融ＡＤＲ機関を介して，対応結果の説明や話合い等が行われる。これにより利用者の納得等が得られれば，手続は終了するが，苦情処理手続で解決しない場合には，金融ＡＤＲ機関は，利用者に対し，あっせん手続の申立てをするかどうかの確認を行い，利用者があっせん手続を申し立てた場合には，あっせん手続に移行することになる。

イ　あっせん手続

利用者が金融ＡＤＲ機関に対し書面によりあっせん手続を申し立てると[18]，金融ＡＤＲ機関は，申立事案があっせん手続に適するかどうかの適格性審査を行い，適格性を欠く場合には，不受理として手続は終了する。金融ＡＤＲ機関が受理した場合には，相手方である金融機関等に対し，申立書面及び資料等を送付するとともに，答弁書及び資料等の提出を求める。あっせん手続を行うあっせん委員[19]は，双方から提出された主張書面及び資料等を検討した上で，両当事者を出席させて事情聴取を行うなどし，あっせんの見込みが乏しい場合には，あっせん案を提示することなく，手続を終了させるが，そうでない場合には，あっせん案を検討し，両当事者に対し提示する[20]。この際，通常のあっせん案ではなく，特別調停案を提示することができる（銀行法52条の67第6項）。あっせん委員が特別調停案を提示した場合には，相手方である金融機関や金融商品取引業者等は，一定期間内に訴訟（債務不存在確認訴訟等）を提起するなどの限られた場合を除き，受諾義務を負うものとされている。

両当事者があっせん案を受諾した場合には，和解を成立させて手続を終了させ，いずれか一方があっせん案を受諾しなかった場合には，あっせん不成立として手続を終了させることとなる。

ウ　このような金融ＡＤＲ手続の特徴としては，簡易，迅速，安価といった点に加え，一定の要件を満たす紛争解決委員により紛争解決手続を行うことにより，専門性を確保していることを挙げることができる。また，金融ＡＤＲ手続の実効性を高めるために，金融機関等が，手続応諾義務，手続協力（資料提出）義務，調停案尊重義務を負うものとされている。また，金融機関等が，金融商品取引法39条の定める損失補てんの禁止の適用のない状況で，柔軟な態度で事案の解決を図

---

[18]　全銀協ＡＤＲでは，あっせん申立てに係る手数料は不要である。ＦＩＮＭＡＣでは，申立額に応じて申立料を支払う。

[19]　全銀協ＡＤＲでは，弁護士，消費者問題専門家，金融業務等に係る有識者の3名で，あっせん委員会を構成し，あっせん手続が進められる。ＦＩＮＭＡＣでは，弁護士であるあっせん委員（紛争解決委員と呼ばれる。）1名により，あっせん手続が進められる。

[20]　全銀協ＡＤＲでは，1回のあっせん期日を経て，あっせん原案を検討・提示し，双方の感触を踏まえた上で，あっせん案を提示するのに対し，ＦＩＮＭＡＣでは，数回のあっせん期日を重ねて当事者の妥協点を見出そうとするようである（和仁亮裕「デリバティブ取引と紛争解決」金融法務事情1951号28頁参照）。

ることができるという点でメリットがある。
(3) 運用の状況等について[21]

ア　金融ＡＤＲにおける苦情処理手続・紛争解決手続の受付件数，終結件数，結果等については，金融庁において公表されており，これらのうち，デリバティブ取引を巡る紛争に関しては，平成21年から平成23年までの間，為替デリバティブ取引によって損失を被った中小企業が申請人となったあっせん申立てが急増していたが，平成24年以降，減少傾向にある。

イ　金融ＡＤＲのうち，全銀協ＡＤＲにおいては，デリバティブ取引に関して取り扱われる事案の主要なものとしては，①リーマン・ショック後の急速な円高により，中小企業向けの円安ヘッジ目的の為替デリバティブ取引（通貨スワップ，通貨オプション）において，巨額の損失が発生したというものが大多数で，②変動金利の上昇をヘッジするための金利スワップ取引において，不当に高い固定金利を支払わされたというもの，③富裕層の個人向けの仕組債において，リーマン・ショック前後の株価の低迷でノックインをし，多額の損失が発生したというものがある。

ウ　金融ＡＤＲにおいては，前記(2)の手続の概要から分かるように，詳細な事実認定を行ったり，法律的判断を示すことに馴染まないことから，説明義務違反の有無等を判断することは難しい。そのため，ヒアリングをした全銀協ＡＤＲにおいては，詳細な事実認定を要する説明義務違反の有無等を積極的に判断することはせず，客観的資料から，申立人の事業内容や事業規模，商流等から判断される外貨実需額（為替リスクのヘッジニーズ）と為替デリバティブ取引の契約金額（想定元本）等を比較し，オーバーヘッジになっているかどうか等を検討し，適合性原則違反の問題として捉え，あっせん案を提示する例が多いとのことである。このような取扱いは，そのまま裁判規範として通用する私法上の規範というよりは，専門的な金融機関として求められる，あるべき行為規範とのギャップを指摘しているという側面が強いようにうかがわれる。

5　海外の動向－ドイツ

(1) ドイツでは，ユニバーサル・バンク制（一つの金融機関において，銀行業務，証券業務及び保険業務等の全ての金融サービスを提供する仕組み）の下，銀行を中心として証券投資サービス業務を行っており，証券投資サービス業者は，以前から明

---

[21] 金融ＡＤＲの運用状況とその評価を述べたものとして，本杉明義「金融ＡＤＲの現状と今後の課題―為替デリバティブ取引の問題点を踏まえて―」金融法務事情1951号22頁，和仁亮裕「デリバティブ取引と紛争解決」同号28頁，青木浩子「中小企業向けスワップ事件の金融ＡＤＲにおける扱いについて」法律時報85巻10号67頁，池永朝昭ほか「＜座談会＞金融ＡＤＲの現在」金融法務事情1946号6頁がある。

示的な投資助言契約がなくとも,顧客に対して何らかの助言を行ってきたとされる。

　ＥＵによる2004年（平成16年）の金融商品市場指令（ＭｉＦＩＤ）を受けて,ドイツで2007年（平成19年）に改正された証券取引法においては,「投資助言を行う」証券投資サービス業者は,①顧客に関する情報を入手した上で,②顧客に適した投資推奨をする義務を負うものと定められた（同法31条4項）。さらに,2013年（平成25年）の証券取引法改正により,証券投資サービス業者が行う「独立した投資助言」に関し,顧客は証券投資サービス業者に対して報酬を支払い（同法31条4ｂ項1号）,証券投資サービス業者は,広汎な市場分析をもとに（同項2号ａ）,密接に関係する事業者に限られない幅広い商品をベースとして（同号ｂ）助言を行う義務を負うこととされ,かつ第三者から報酬を受領することが禁じられた（同項3号）。

(2)ア　銀行を中心とする証券投資サービス業者の顧客に対する民事責任については,ドイツ連邦通常裁判所（以下「ＢＧＨ」という。我が国の最高裁判所に相当する。）は,銀行と顧客との間で投資助言契約が明示的に締結される場合のみならず,黙示的に締結される場合があるとし,投資助言契約の締結が認められる場合には,銀行が顧客に対し助言義務を負うことを認めている。

　また,ＢＧＨは,銀行と顧客との間に利益相反がある場合には,顧客に対しその利益相反を説明する義務を負うことも認めている。もっとも,ＢＧＨは,銀行による金融商品の販売において販売価格に利益マージンが含まれているといった事柄についてまで説明義務を負うわけではないとするなど,銀行があらゆる利益相反について説明する義務を負うとされていたわけではなかった[22]。

　しかしながら,ＢＧＨによる2011年（平成23年）3月22日判決[23]（以下「ドイツＢＧＨ2011年判決」という。）は,銀行の助言義務ないし説明義務について,新たな考え方を示すものといわれている。

イ　ドイツＢＧＨ2011年判決の事案は,衛生関係事業を営む中規模企業であるＸ社が,ある銀行との間で取引をしていた2件の金利スワップ取引について,金利の低下による上記の金利スワップ取引の負担を軽減させるために,Ｙ銀行との間で,複雑な条件の付された金利スワップ契約（ＣＭＳ（constant maturity swap）-Spread-Ladder-Swap-Vertrag,以下「本件ＣＭＳＳＬＳ契約」という。）を相対取引で締結したところ,条件の悪化により取引の継続が困難となり,Ｘ社が多額の清算金を支払って,本件ＣＭＳＳＬＳ契約を合意解約したことから,Ｘ社がＹ

---

[22] 詳細は,山下友信「事業者に対する複雑なデリバティブ取引の勧誘と金融商品取引業者等の責任―2011年ドイツ連邦通常裁判所判決を素材とした一考察」伊藤眞ほか編『経済社会と法の役割』〔石川正先生古稀記念〕918頁以下参照。また,英文による簡易な解説としては,ALLEN & OVERY "German Court renders opaque judgment in swaps misselling case（http://www.allenovery.com/publications/en-gb/Pages/German-Court-renders-opaque-judgment-in-swaps-misselling-case.aspx）がある。

[23] 山下友信・前掲注22・913頁参照。

銀行に対し損害賠償を求めたものであり，一審，控訴審ともX会社の請求が退けられた。

　これに対し，ＢＧＨは，要旨，以下のような判断を示し，X社の請求を認容した。すなわち，本件ＣＭＳＳＬＳ契約はX社とY銀行との間の相対取引であり，Y銀行は，X社の損失により利益を得るという立場にあるが，同時にY銀行としてX社の利益を図る義務を負うことから，Y銀行の二つの立場が利益相反の関係にあり，Y銀行は，これを回避するのでなければ，X社に対しこれを説明しなければ契約を締結してはならない，本件ＣＭＳＳＬＳ契約の取引開始時点で想定元本の約４％（約８万ユーロ）のマイナス市場価値があったことをもって，Y銀行は，X社の不利益においてY銀行が利益を得るような内容で本件ＣＭＳＳＬＳ契約を仕組んだにもかかわらず，これを説明しなかったことは説明義務違反に当たるとしたものであった[24]。

ウ　このように，銀行と顧客との間の利益相反性に着目し，説明義務を肯定したドイツＢＧＨ2011年判決について，ドイツの学説等における評価は定まっているとはいい難い。しかも，ドイツでは，裁判所は，金融機関が顧客に金融商品を販売する場合，金融機関と顧客の間には，黙示の投資助言契約が存在するとみなす立場をとっており，その前提での判決であることを念頭に置く必要がある（もっとも，金融庁は，平成27事務年度金融行政方針の中で，法的効果を有さないプリンシプルとしてではあるが，金融機関のフィデューシャリー・デューティ（他者の信任に応えるべき一定の任務を遂行する者が負うべき幅広い様々な役割・責任の総称）という考え方を打ち出しており[25]，ドイツと似たような考え方が日本でも将来定着する可能性はあるが，現在の話ではない。）。前記アのとおり，相対取引で銀行が利益マージンを得ることは，投資者にとっても当然に予測されることであり，そのような利益相反まで説明する義務はないことについて意見は一致していることから，本件ＣＭＳＳＬＳ契約のような複雑な店頭デリバティブ取引については，市場も有効に機能しないまま取引当事者間の情報の非対称により顧客が取引の経済的意義を評価できない状態で取引が行われ，そのことが隠蔽されたまま銀行が利益を得ていることを問題視するなど，別の理由付けが模索されている。その結果，ドイツＢＧＨ2011年判決のように，利益相反についての説明義務が認められるのは，情報の非対称が著しく，かつ市場も十分に機能しない，本件ＣＭＳＳＬＳ契約のような複雑なデリバティブ取引についてであるなどと解されている。そして，実はＢＧＨも2011年判決の軌道修正・過度な投資家保護の抑制を図っ

---

[24] 原審は，マイナス市場価値について，期限前に契約を終了させる場合に顧客が銀行に対して支払うべき金額を表すものであり，暫定的な理論的金額にすぎず，永続的に変動するものであるとの理由から，説明は必要ないと判断していた。

[25] 神作裕之・本書「本研究に寄せて」2(4)参照。なお，金融庁のホームページ（http://www.fsa.go.jp/singi/singi_kinyu/tosin/20161222-1.html）も参照。

ており，2015年（平成27年）1月20日判決[26]においては，銀行は，全ての場合において，契約開始時におけるスワップのマイナス市場価値を開示する義務を負うものではなく，顧客の銀行と顧客のスワップ取引相手が同じではない場合について，顧客のスワップ取引における利益が銀行の利益でひどく害されない限り，銀行には開示義務がないとしている。

---

[26] 英文による簡易な解説としては，ALLEN & OVERY "German Federal Court of Justice Limits Banks' Disclosure Obligations for Swap Transactions"（http://www.allenovery.com/publications/en-gb/european-finance-litigation-review/western-europe/Pages/German-Federal-Court-of-Justice-Limits-Banks'-Disclosure-Obligations-for-Swap-Transactions.aspx）がある。

第4章　デリバティブに関する紛争の主な類型

第1節　銀行による取引先事業者向けの為替デリバティブの販売

1　経緯

　金融庁が平成23年3月に公表した「中小企業向け為替デリバティブ状況に関する調査の結果について（速報値）」によれば，平成22年9月時点で為替デリバティブを保有する中小企業は約1万9000社で，残存契約合計約4万件のうち，平成16年度から平成19年度に販売されたものが約8割に上っていたという。この時期，不良債権処理と業界再編を実質的に終えた邦銀は，デリバティブ販売を新たな収益源とすべく，輸入部門を持つ取引先中小企業に対し，「為替ヘッジ」（先行き円安リスクのヘッジ）を掲げて，為替デリバティブを大量に販売したのである。

　ところが，平成20年のいわゆるリーマン・ショックとその後の急速な円高の結果，巨額の損失が生じ，平成23年後半には為替デリバティブ関連倒産が急増するなどして社会問題化した。これを受けて，金融ＡＤＲ（全銀協及びＦＩＮＭＡＣ）に対しておびただしい数の申立てがされ（例えば，全銀協には，ピーク時の平成23年度で1000件超，平成24年度で800件超の申立てがあった。），訴訟に至った例も少なくなかった。

2　事案の概要

　為替デリバティブの具体的な内容としては，通貨オプションが圧倒的に多いようであり，その多くに共通する要素を抽出してモデル事例を示すと，概ね次のようなものである。

(1)　事業会社Ｘは，銀行Ｙとの間で，ドルのコール・オプションを10万ドル分買い，ドルのプット・オプションを30万ドル分売る。つまり，買い：売り＝1：3のレシオとなっている。

(2)　期間は5年間（中途解約は原則不可）で，3か月ごとの権利行使。

(3)　契約時スポットレートは1ドル＝120円で，権利行使価格はコール，プットともに1ドル＝110円である。つまり，コールの買いはＩＴＭ（イン・ザ・マネー），プットの売りはＯＴＭ（アウト・オブ・ザ・マネー）であるから，仮に今の為替相場のまま動かなかったとしても，Ｘはコール・オプションの権利行使をして1ドル＝110円という有利なレートでドルを10万ドル分買うことができ（100万円の利益），他方，Ｙが持っているプット・オプションは権利放棄をすることになる。更に円安が進めば，1円につき10万円ずつＸの利益は増大する。

(4)　仮に円安が進み1ドル＝130円に達すると，取引は当然終了する（ノックアウト条項）。これにより，Ｙのリスクは制限されている。

(5)　相互のオプション料は，相殺されて受渡しなし（ゼロコスト・オプション）。

3 その後の展開
(1) この通貨オプションは，先行き円安が進むと考えれば（当時はそのように考える人が多かった。），悪くない取引に見える。今の為替相場のままでも3か月ごとに100万円の収入があり，仮に円高に振れても，多少の範囲（1ドル＝110円まで）であれば負けることはないからである。しかし，現実には，1ドル＝80円という信じられないような円高になってしまうのである（下表参照）。これは，3か月ごとに900万円（|110－80|円×300,000ドル分）の支払が発生することを意味する。ドルプットの売りには3倍のレシオがついているから，権利行使価格を超えて円高が進むと，1円につき30万円ずつ損失が膨らむことになり，損失の谷が深いのである。しかも，円安方向にはノックアウトがあるのに，円高方向のノックアウトはなく，かつ，5年間にわたって契約に拘束される。

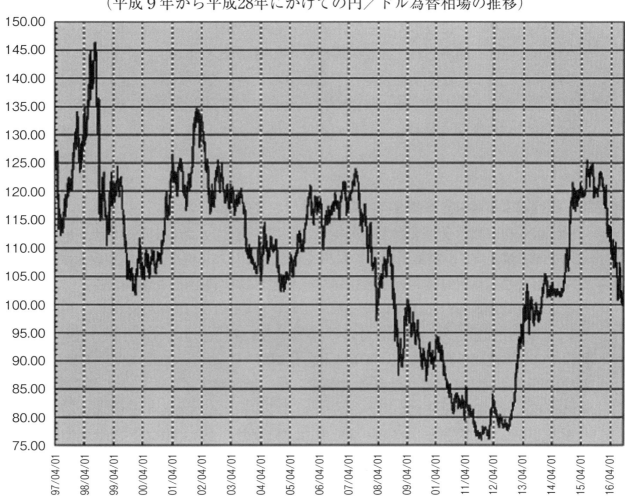

（平成9年から平成28年にかけての円／ドル為替相場の推移）

(2) このような通貨オプションの商品性を巡っては，懐疑的な見解も少なくなく[1]，傾

---

[1] 森下哲朗「デリバティブ商品の販売に関する法規制の在り方」金融法務事情1951号6頁は，「仮に為替リスクをヘッジするニーズがあるとしても，一般の中小企業において，なぜ通常の為替予約ではなくオプションの売りやノックアウト条件等を含むデリバティブを締結する必要があ

聴に値する指摘も含まれているように思う。しかし，商品性のレベルでの議論としては，少なくとも以下の点には留意が必要であろうと思われる。

　第1に，この間の急激な円高は未曽有のものであって，これを予測することは不可能に近く，1ドル＝80円になった時点から事態を回顧した結果論だけをいうのはフェアではないだろうという点である。上記のグラフに示された為替の推移をみれば，平成20年頃から平成24年頃にかけての円高水準の異常性が分かるであろう。

　第2に，レシオの設定やノックアウト条項がXに一方的に不利でYに一方的に有利であるという類いの，契約条件の一部を取り上げた批判は的外れであるということである。顧客は，これらの不利な条項の反面として，権利行使価格を有利に設定し，ITM（イン・ザ・マネー）のオプションを無料で買うことができているのである。

　むしろ，金融ADRでの処理過程で検討の俎上に上ったのは，上記のような抽象的な商品特性の問題ではなく，ヘッジニーズ自体の根拠が希薄であったり[2]，明らかなオーバーヘッジになっているにもかかわらず，銀行から「為替リスクのヘッジ」を理由に商品を勧められ，銀行の専門性への過剰な信頼から，顧客においても十分な吟味を経ることなく契約に至ってしまったという点である。このような紛争実態を正確に踏まえた上で，その解決のための適切な理論的受け皿を構築することが求められているように思われる（この点は，第5章第4節（137頁）で検討する。）。

第2節　銀行による取引先事業者向けの金利スワップの販売

1　銀行による金利スワップ販売の実体

　我が国では，バブル経済崩壊後の長引く不況の中，大規模な金融緩和政策が採られ，平成11年2月には，日本銀行が無担保コール翌日物金利をほぼゼロにする，いわゆるゼロ金利政策が採られるようになった。これに伴い，日本銀行が公表する短期プライムレート（最頻値）も，同年3月には1.5％から1.375％に低下した。その後，ゼロ金利政策は，平成12年8月に一旦解除され，短期プライムレートも1.5％に上昇したが，平成13年3月には再びゼロ金利政策が採られ，短期プライムレートも長らく1.375％という低水準が続くようになった。

　そのような中，店頭デリバティブ取引の流動性の高まりやリスク管理の高度化，さらには時価会計やヘッジ会計等の会計制度の明確化（平成13年3月期決算以降）等によって銀行の一部は，自行の融資先である中小企業に対して，金利スワップ取引を積

　るのか，さらに，5年～10年といった長期に及ぶヘッジをする必要があるのかにも理解に苦しむ。」という批判をしている。

[2]　例えば，輸入部門を持っているといっても，外国から外貨で仕入れる「直接貿易」だけとは限らず，商社等を通じて円建てで仕入れる「間接貿易」のことも少なくない。金融ADRでは，こうした点の吟味を通じて，ヘッジニーズの定量的な分析を行い，適合性原則違反の判断をしている。

極的に販売するようになった。特に，平成13年度以降，大手都銀の中には，金利スワップの購入実績がない取引先に対して積極的に金利スワップの販売を推進すること等を内容とする，収益増加を目的とした事業計画を策定するなどして，積極的に金利スワップの販売に係る営業活動を活発化させたところもあった。

2　優越的地位の濫用
(1)　公正取引委員会は，平成17年12月，三井住友銀行が，平成14年から平成16年まで，融資先事業者から新規の融資の見込み又は既存の融資の更新の申込みを受けた場合に，融資に係る手続を進める過程において，融資先事業者に対し，金利スワップの購入を提案し，融資先事業者が同提案に応じない場合に，①金利スワップの購入が融資を行うことの条件である旨，又は金利スワップを購入しなければ融資に関して通常設定される融資の条件よりも不利な取扱いをする旨明示する，②担当者に管理職である上司を帯同させて重ねて購入を要請するなどにより，金利スワップの購入が融資を行うことの条件である旨，又は金利スワップを購入しなければ融資に関して通常設定される融資の条件よりも不利な取扱いをする旨示唆することにより，金利スワップの購入を要請し，融資先事業者に金利スワップの購入を余儀なくさせる行為を行っていたと認定し，上記行為が，優越的地位を利用して正常な商慣習に照らして不当に融資先事業者に対し融資に係る商品又は役務以外の金利スワップを購入させたものであり，不公正な取引方法に該当するとして，排除措置命令を発した。
(2)　上記排除措置命令などもあって，銀行が金利スワップ取引を融資先事業者に対して勧めたような訴訟では，説明義務違反等の主張と共に優越的地位の濫用に係る主張もなされるようになった。排除措置命令自体は直接的には独禁法の問題であるが，上記のような優越的地位を濫用してデリバティブ商品を販売したとすれば，不法行為法上も損害賠償の対象になり得ると解される。もっとも，真に問題のある事例は訴訟外での解決が図られたものと推察され，訴訟において「優越的地位の濫用を理由とする不法行為」が認められた例はほとんどないようである[3]。

第3節　個人向けの仕組債の販売

1　経緯[4]

平成10年12月，金融システム改革法による規制緩和により，個人に対して仕組債を販売することが可能となり，それ以前から個人向けデリバティブ関連商品として取扱

---

[3] 平成25年最判の第1審である福岡地大牟田支部判平成20・11・21金融商事判例1419号28頁は，優越的地位の濫用による不法行為の成立を認めたが，控訴審である福岡高判平成23・4・27金融商事判例1419号17頁はこれを覆しており，その部分の判断は最高裁でも維持されている。

[4] 日本弁護士連合会消費者問題対策委員会編『金融商品取引被害救済の手引（六訂版）』464頁，青木浩子「仕組債に関する裁判例の動向と考察」金融法務事情1984号92頁

いがされていたワラント（新株引受権証券）等に加え，ＥＢ債や日経平均リンク債等の仕組債が個人向けに販売されるようになった。これが仕組債の商品トレンドの第1期であり，後に登場する仕組債と比較すると相対的に単純な構造のものであった。その後一時的に下火になったが，平成16年頃からリーマン・ショック（平成20年秋）後にかけての時期が商品トレンドの第2期であり，下記2で紹介するような相当複雑な商品構造のものが多く見られるようになった。

　低金利を背景に，デリバティブを組み込むことによって高い利回りを実現する仕組債が人気を集めたものと思われる。このような仕組債のほかにも，個人投資家向けのデリバティブに関連する金融商品として，仕組預金や仕組投資信託が挙げられる。

2　仕組債の例
(1)　ＥＫＯ債
　　仕組債は多種多様であり，また流行もあって，その全体像を紹介することは困難であるが，比較的最近の事例[5]を素材に，代表的な仕組債の一つであるＥＫＯ債（ノックインプット・エクイティリンク債）について紹介する。
　　この事件の事例は，発行価額5000万円，期間3年の仕組債であり（仕組債は5000万円とか1億円程度の単価で販売されるものが多いようである。），表面利率は極めて高い固定利率（この事件の商品では年13.5％）が設定されている。他方で，レインボー・オプション（第1章第5節7(6)参照（34頁））が組み込まれており，顧客は，オプションの売り手として，次のようなリスクを引き受ける。すなわち，参照株式10銘柄（いずれも我が国でも有数の大企業の株式である。）の株価のいずれかがノックイン価格（発行時株価の55％の水準）に達した場合には，債券の購入価額全額で当該ノックイン銘柄を購入した場合に相当する損失が生じ（満期償還額からその額が控除される。），複数銘柄がノックインした場合には，各銘柄ごとに計算した損失額の合計額が償還額から控除される（ただしマイナスにはならない。）というものである。
　　この事案では，サブプライムローン問題での株価の急落を受け，3銘柄がノックインしてしまい，3250万円の損失が発生した。
(2)　ターンズ（ＴＡＲＮｓ）債
　　ＥＫＯ債と並ぶ代表的な仕組債であるＴＡＲＮｓ債（Target Redemption Notes）についても，実例[6]に沿って簡単に説明しておく。
　　この商品（購入価額50万ドル）は，満期10年で，クーポンは初年度7％と高利率に設定されているが，以後ＬＩＢＯＲの変動に応じて増減する（ＬＩＢＯＲの動きと反対方向に決定される。）。ポイントは，支払利金の累計が10.36％になった場合

---

[5]　東京高判平成26・4・17金融法務事情1999号166頁
[6]　京都地判平成25・3・28判例時報2201号103頁，その控訴審である大阪高判平成25・12・26判例時報2240号88頁

に早期償還されるという点であり，より早期に償還されるほど利回りは高くなるが（顧客はこれを期待），変動利率が低迷すると，早期償還されないまま長期間塩漬け状態になる。この事案では，早期償還が見込めない中で，満期前に約34万ドルで処分することとなった。

なお，この商品は，変動利率が金利（ＬＩＢＯＲ）に連動しているが，為替と連動させたＦＸターン債もある。また，変動利率が前回の利息を参照して加速度的（雪だるま式）に上昇又は下落するタイプのものを「スノーボール」という。さらに，償還元本について業者に複数通貨の選択権があるものを「デュアル（マルチ）カレンシー」という。このように業者側の選択権があるということは，顧客がオプションを売っているということである。

3　仕組債の本質

仕組債は，クーポン（表面利率）を好条件にするために，通常の社債にオプション（顧客から見て売り取引）を組み込んだものである。当然ながら，利率の高さはリスク（多くの場合元本毀損のリスクを含む。）の大きさと常に釣り合っている。ところが，組み込まれているオプションは，発生する確率が低いもの（ディープ・アウト・オブ・ザ・マネーのオプション）が使われており，一見するとリスクが低いように見える。例えば，上記2(1)のＥＫＯ債で，我が国を代表する株式銘柄が3年以内に55％の水準まで下落する確率は，一般的にはそれほど高いものでないように感じられる。しかし，他方で，実際にノックインした場合のリスクは極端に増幅されているのである（参照　株式10銘柄に分散投資した場合と比較すれば理解されると思う。）。すなわち，ストライクゾーンが広くて有利な商品に見えるものの，見込みがはずれた場合の損失の谷が深くなっており，そのような構造で利率のかさ上げをしているのである。

これが仕組債の本質であるが，このような商品コンセプト自体を批判しても，法的主張として強い訴求力を持ち得るか疑問がある（第5章第5節2「商品組成上の注意義務違反」（143頁）参照）。むしろ，そのリスク特性を顧客の属性に照らして理解可能な程度に説明したかどうかが重要となり，この点は慎重に吟味する必要があろう。

第4節　学校法人等へのデリバティブの販売

1　経緯等

金融市場の自由化等に伴い，企業等の営利団体にとどまらず，複数の学校法人，社会福祉法人等の非営利団体が，円安リスク等をヘッジする必要もないのに，投資（場合により投機）を目的として，その保有する資産を運用するために，米ドル又は豪ドル等と日本円との通貨スワップ取引等を行うようになった。このような非営利法人の理事としても，善管注意義務として資産増殖義務を負っており，さらに学校法人としては，生徒・学生数の減少による収入減に対処しなければならないという状況にあっ

た。しかしながら，平成20年のいわゆるリーマン・ショックとその後の急速な円高により，複数の学校法人等において，通貨スワップ取引等を合意解約せざるを得ない状況に陥り，学校法人等としての存立自体に影響を及ぼしかねない多額の解約清算金を支払う事例が生じた。

　このような事態を受けて，文部科学省では，所管する各学校法人の理事長に対し，平成21年1月6日付け「学校法人における資産運用について（意見）」を添付した通知を発した。同意見において，「学校法人としては，現下の国際金融情勢等を踏まえ，元本が保証されない金融商品による資産運用については，その必要性やリスクを十分に考慮し，特に慎重に取り扱うべきである。」旨が言及されるに至った。

2　紛争の特色

　多額の解約清算金等を支払った学校法人等が，通貨スワップ取引等を行った証券会社等に対し，損害賠償を求めた訴訟においては，学校法人がハイリスクな取引を行うことは，寄附行為の範囲に含まれず，目的の範囲外の行為であって，通貨スワップ取引等は無効である，又は，学校法人の性質から保守的で確実な投資運用のみが予定されており，通貨スワップ取引等の適合性がないなどと争われた点に特徴がある（実体法上の見地からの検討は，第5章第1節3(3)（103頁）参照）。

第5節　契約当事者の破綻による期限前終了の処理

1　経緯等

　平成20年のいわゆるリーマン・ショックを引き起こした，リーマン・ブラザーズの米国持株会社（Lehman Brothers Holdings Inc.）の破綻により，日本法人であるリーマン・ブラザーズ証券株式会社（同社自身も民事再生手続が進められた。）が顧客との間で行っていたデリバティブ取引が，1992年版ＩＳＤＡマスター契約に準拠した基本契約に基づき，期限前に終了する事態となった。

2　紛争の概要

　このようにデリバティブ取引が期限前終了したことにより，民事再生手続中のリーマン・ブラザーズ証券株式会社が，顧客に対し，基本契約に基づき，解約清算金の支払を求める訴訟において，①損害算定の基準日や損害の範囲等を巡って，1992年版ＩＳＤＡマスター契約上の条項の解釈が争われたもの[7]，②ＩＳＤＡマスター契約のスケジュールとして定めた相殺条項に基づく相殺の効力が争われたもの[8]があるほか，③顧客がリーマン・ブラザーズ証券株式会社に対し差し入れた担保の償還金等の支払を

---

[7]　東京地判平成24・7・20判例タイムズ1403号209頁，東京地判平成24・7・27判例タイムズ1403号209頁，東京地判平成25・1・29判例タイムズ1403号199頁

[8]　最二判平成28・7・8（原審・東京高判平成26・1・29金融商事判例1437号42頁）

求める訴訟において，クレジット・サポート・アネックスの解釈が争われたもの[9]があった（実体法上の見地からの検討は，第5章第7節（149頁）参照）。

第6節　インターネット上の外国為替証拠金取引（ＦＸ取引）

1　外国為替証拠金取引（ＦＸ／Foreign Exchange取引，Margin Foreign Exchange Trading）とは，顧客が業者に対し一定額の証拠金を担保として預託した上で，取引開始時と終了時の外国為替の変動幅に元本を乗じた金額を終了時に差金決済する取引である。ＦＸ取引は，金商法上，市場デリバティブ取引（金商法2条21項2号，商品名「くりっく３６５」等）又は店頭デリバティブ取引（同条22項1号）に当たり，金商業府令123条3項から5項までにいう「通貨関連デリバティブ取引」に該当する。通常，極めて高いレバレッジが設定されている投機性の強い取引類型である[10]。

ここで問題となるのは，相対取引として行われる「店頭外国為替証拠金取引」であり，業者は，顧客から注文を受けると，銀行等のカバー取引先とカバー取引を行うのが通例である。そして，業者は，顧客が多大な損失を被って証拠金による保全ができなくなる事態を防止するとともに，顧客の損失の拡大の防止という意味も含め，ロスカット（証拠金維持率が一定水準を下回った場合に建玉を強制決済すること）を約款等で定めている。そして，ロスカットの後者の機能から，ロスカットは業者の義務でもあると認識されており，現在の業法規制では，ロスカット取引に関する体制整備が義務付けられている（金商法40条2号，金商業府令123条1項21号の2，21条の3）。

2　インターネット上で行われるＦＸ取引においては，顧客がインターネットを通じて自ら申し込むことから，顧客と金融商品取引業者との間の訴訟において，適合性原則違反や説明義務違反が争われることはほとんどなく，ロスカット取引の執行が不当に遅れたために損失が拡大したといったものが典型的な主張となっている[11]。

ロスカットの執行に当たり，値洗い損益をどの程度の頻度で監視するのかという問題もあり，客観的なロスカット事由発生時のレートと実際の約定価格との間には一定のタイムラグがあるため，そのタイムラグに由来する乖離（スリッページ）が発生することは不可避である。このため，訴訟においては，そもそもロスカットは契約上の義務かという議論とともに，ロスカットの執行が合理的なタイムラグの範囲内で速やかに執行されたといえるかどうかが争点となることが多い。

---

[9] 東京高判平成22・10・27金融商事判例1360号53頁
[10] 余りにレバレッジが高いと賭博とされる可能性があることから，現在（平成21年の金商業府令改正後），上限は25倍に制限されている（金商法38条7号，金商業府令117条1項27号，28号，同条7項，8項）。
[11] ①東京地判平成20・7・16金融法務事情1871号51頁，その評釈である神作裕之・ジュリスト1435号128頁，若林泰伸・別冊ジュリスト214〔金融商品取引法判例百選〕68頁，②東京地判平成25・10・16判例時報2224号55頁参照。

もっとも，現在，ロスカット取引に関する体制整備が業者に義務付けられたことは前述のとおりであり（従前の裁判例はこの改正前の事案である。），単純なシステム上の体制不備が問題とされるようなケースは，今後基本的になくなると思われる。むしろ，最近問題となっているのは，市場実勢から著しく乖離するレートを顧客に配信することがないように配信を停止する措置（フィルタリング[12]）に関し，個別の異常事態における当該フィルタリング措置が適切であったかどうかといった論点のようである[13]。

---

[12] このフィルタリングという仕組みは，自主規制である金融先物取引業協会の金融先物取引業務取扱規則にも定めがある。

[13] 平成27年1月15日のいわゆる「スイスフラン・ショック」（スイス国立銀行が市場の予想していなかった為替介入の中止を突然行った後，ユーロがスイスフランに対して一挙に約30％も下落したもの）の直後，市場の混乱からロスカットも大幅に遅れることになったとして，複数の訴訟が提起された。

第5章　デリバティブ関係訴訟の主な法律問題

第1節　適合性の原則[1]
1　適合性原則の意義
(1) 業法規制としての適合性原則

ア　金商法40条1号は，金融商品取引業者等の業務の運営の状況が，「金融商品取引行為について，顧客の知識，経験，財産の状況及び金融商品取引契約を締結する目的に照らして不適当と認められる勧誘を行って投資者の保護に欠けることとなっており，又は欠けることとなるおそれがあること」のないように業務を行わなければならないと規定しており，これを「適合性の原則」（suitability doctrine）という。その基本的な性格は業法上の行為規制であり，罰則規定はないが，その違反は内閣総理大臣（その委任を受けた金融庁長官〔同法194条の7第1項〕）による業務改善命令（同法51条）又は監督上の処分（同法52条1項6号）の対象となり得る。なお，これと同趣旨の規定は，商品先物取引法215条にもある[2]。

イ　適合性原則の理論的背景としては，消費者（社会的弱者）の保護というパターナリスクティックな要請が基本にあると思われるが，より具体的には，誠実公正義務（金商法36条1項）を負う金融商品取引業者の立場と専門性，これらに基礎を置く顧客との信認関係等の要素に求めることができると解される。

(2) 適合性原則の沿革

ア　適合性の原則は，元来，米国において形成，発展してきたものとされているが，米国においても，私法上の概念としてではなく，証券取引委員会〈SEC〉による行政的規制又は自主規制機関による規則（全米証券業協会〈NASD〉の公正慣習規則，ニューヨーク証券取引所〈NYSE〉の自主規則等）のレベルで展開されたものである。

その原型とされる1939年の全米証券業協会公正慣習規則第3章第2条は，「顧

---

[1] 適合性の原則全般について，膨大な文献があるが，取りあえず平成17年最判後のものとして，①潮見佳男『不法行為法Ⅰ〔第2版〕』161頁，②同「適合性の原則に対する違反を理由とする損害賠償―最高裁平成17年7月14日判決以降の下級審裁判例の動向」（民事判例Ⅴ〔2012年前期〕）6頁，③王冷然『適合性原則と私法秩序』，④最高裁判所判例解説民事篇平成17年度（下）361頁〔宮坂昌利〕を参照。

[2] 適合性原則の考え方は，消費者取引の分野にも拡大しているとされる。①角田美穂子『適合性原則と私法理論の交錯』370頁，②河上正二「『適合性原則』についての一考察―新時代の『一般条項』―」高翔龍ほか編『日本民法学の新たな時代』〔星野英一先生追悼〕587頁，③河上正二「思想としての『適合性原則』とそのコロラリー」現代消費者法28号4頁）のほか，③を含む現代消費者法28号「特集／適合性原則と消費者法」所収の論文参照。なお，河上教授の②，③は，「適合性原則」を，金融商品取引に限らず，広く消費者法の領域において妥当する「一般条項」として位置付けて検討すべきである旨をいうものであるが，その方向性と距離感については，学説の間でも多様な見解があるようである。

客に対して証券の購入，売却もしくは交換を勧誘する場合，会員は，当該顧客の他の証券保有状況，財産状態及びニーズに関する事実が顧客によって開示されたときは，その事実に基づき，自己の勧誘が当該顧客に適合したものであると信ずるに足りる合理的根拠を持つべきである」というものであった。

　今日において，適合性原則は，米国だけにとどまらず，1991年の国際証券監督者機構（IOSCO）行為規範原則や2004年のEU金融証券市場指令に取り上げられるなど，投資勧誘ルールのグローバル・スタンダードとして確立した地位を占めている。

イ　我が国では，昭和49年の大蔵省証券局長通達「投資者本位の営業姿勢の徹底について」が「投資者に対する投資勧誘に際しては，投資者の意向，投資経験及び資力等に最も適合した投資が行われるよう十分配慮すること，特に証券投資に関する知識，経験が不十分な投資者及び資力の乏しい投資者に対する投資勧誘については，より一層慎重を期すること」として，適合性の原則を要請したのが最初である。これを受けて，日本証券業協会の公正慣習規則は，顧客の職業，年齢，資産状況，投資経験の有無等を記載した顧客カードの備付けを協会員に義務付ける規定を整備した。この当時の適合性原則は，行政指導，自主規制規範上の位置付けにとどまっていた。

ウ　その後，平成4年の証券取引法の改正により，大蔵大臣の是正命令の発令要件として適合性原則が初めて明文化され（当時の証券取引法54条1項であるが，平成10年改正により同法43条1号に引き継がれた。），次いで，平成18年に証券取引法が金融商品取引法（金商法）に再編改正された際，適合性原則は，上記(1)に述べたとおりの形で，同法40条として規定されるに至った。なお，この改正は，単なる条文の位置の変更ではなく，第1に，適合性原則の判断要素として従来の証券取引法の規定に掲げられていなかった「投資目的」を明記した点，第2に，特定投資家（プロ）への適合性原則の適用を制限した点（金商法45条1号）で，実質改正を含むものである。

エ　現在，適合性原則に関する業法上の行為規則としては，日本証券業協会の自主規制規則において，「協会員は，顧客の投資経験，投資目的，資力等を十分に把握し，顧客の意向と実情に適合した投資勧誘を行うよう努めなければならない」と定められ，そのために顧客カードの整備等が求められている（第3章第1節3（74頁）参照）。

　また，金融庁の監督指針においても，「金融商品取引業者は，金商法第40条の規定に基づき，顧客の知識，経験，財産の状況，投資目的やリスク管理判断能力等に応じた取引内容や取引条件に留意し，顧客属性等に則した適正な投資勧誘の履行を確保する必要」があり，そのために「顧客の属性等及び取引実態を的確に把握し得る顧客管理態勢を確立することが重要」であると指摘され，顧客属性等の的確な把握及び顧客情報の管理の徹底並びに顧客取引実態の的確な把握及びそ

の効果的活用の方策が留意点として示されている（第3章第1節2（70頁）参照）。

これらは，「顧客を知る義務」（Know Your Customer Rule）と言われるものである。我が国の法令上，このような義務を明確に定める規定は見当たらないが[3]，金商法40条1号の適合性原則の前提として，これに含まれると解する見解も有力である[4]。

(3) 狭義の適合性原則と広義の適合性原則

平成11年7月6日，金融サービスに関する横断的な立法に向けての論点整理を行っていた金融審議会第1部会は，「中間整理（第一次）」を公表し，この中で，適合性原則を「狭義」と「広義」に分類する概念整理を行った。

ここでいう「狭義の適合性原則」とは「ある特定の利用者に対してはいかに説明を尽くしても一定の商品の販売・勧誘を行ってはならないというルール」，「広義の適合性原則」とは「業者が利用者の知識・経験・財産・目的に適合した形で販売・勧誘を行わなければならないとのルール」であり，後者は「説明義務の拡張」であるとされた。

このような概念整理は，その後広く受け入れられ，現在に至るまで適合性原則に関する認識の主流になっている。

(4) 金販法3条2項と適合性原則

金販法は，説明義務違反等の不法行為による損害賠償責任の特則（民事ルール）を定める法律として平成12年に制定されたものであるが，平成18年改正により，3条2項の規定が新設された。これは，金融商品販売業者等が行う説明は，「顧客の知識，経験，財産の状況及び当該金融商品の販売に係る契約を締結する目的に照らして，当該顧客に理解されるために必要な方法及び程度によるものでなければならない」と定めるものであり，上記(3)で述べた適合性原則の広狭二義の概念整理を前提に，広義の適合性原則の考え方を説明義務に取り込んだもの（説明義務の拡張，説明義務の実質化）とされる。

なお，適合性原則に私法上の効果を付与するための立法的な対応については，これまでに数次の検討が行われているが，金販法3条2項を超える成果にはなっていない[5]。

---

[3] 米国の自主規制機関であるFINRA（金融取引業規制機構）の「Rule2090」では，業者に対し，顧客に関する重要な情報を知り，また維持することについて，合理的な注意を尽くすことを求めている。

[4] 川口恭弘「適合性の原則」金融商品取引法研究会研究記録第54号

[5] 平成11年当時の金融審議会では，適合性原則の広狭二義の概念整理と併せて，適合性原則に私法上の効果を与える立法的対応についても検討されたが，広義の適合性原則は「業者ルール」であって私法上の効果に直接連動させるのは困難であるとされ，また，狭義の適合性原則については，取引の無効を導く立法的対応に関し，消極的な結論に至った。その後の金販法の平成18年改正の際には，平成17年最判を踏まえた適合性原則違反による損害賠償請求についての民事効の付与（損害額の推定等）が議論されたが，要件の明確化が困難等の理由で見送られた。

2 平成17年最判について

(1) 平成17年最判の概要

最高裁平成17年7月14日第一小法廷判決・民集59巻6号1323頁（平成17年最判）は，適合性原則違反と不法行為の成否という問題について，最高裁として初めて法律判断を示した。その概要は以下のとおりである。

ア 事案は，広島市中央卸売市場の水産物卸売業者が，証券会社（野村證券）に委託して，約10年間にわたって，株式等の現物取引，信用取引，国債先物取引，外貨建てワラント取引，株式先物取引，株価指数オプション取引の一つである日経平均株価オプション取引を複数回行ったところ，合計約2億0721万円の損失を受けたことから，証券会社に対し，違法な過当取引の勧誘，断定的判断の提供，ワラント取引に係る説明義務違反，オプション取引に係る適合性原則違反，説明義務違反等を主張して，不法行為に基づく損害賠償を請求したものである。

イ 第1審は請求を棄却したが，控訴審はオプション売り取引に関し適合性原則違反を理由とする証券会社の不法行為責任を肯定し，5割の過失相殺をして，請求を一部認容した。

ウ 最高裁は，「証券会社の担当者が，顧客の意向と実情に反して，明らかに過大な危険を伴う取引を積極的に勧誘するなど，<u>適合性の原則から著しく逸脱した証券取引の勧誘をしてこれを行わせたときは，当該行為は不法行為法上も違法となると解するのが相当である</u>」とし，「証券会社の担当者によるオプションの売り取引の勧誘が適合性の原則から著しく逸脱していることを理由とする不法行為の成否に関し，顧客の適合性を判断するに当たっては，<u>単にオプションの売り取引という取引類型における一般的抽象的なリスクのみを考慮するのではなく，当該オプションの基礎商品が何か，当該オプションは上場商品とされているかどうかなどの具体的な商品特性を踏まえて，これとの相関関係において，顧客の投資経験，証券取引の知識，投資意向，財産状態等の諸要素を総合的に考慮する必要があるというべきである</u>」とした上で，当該事案については，水産物卸売業者が「およそオプションの売り取引を自己責任で行う適性を欠き，取引市場から排除されるべき者であったとはいえ」ず，また，証券会社の担当者が水産物卸売業者にオプションの売り取引を勧誘してこれを行わせた行為が，適合性の原則から著しく逸脱するものであったということはできず，証券会社の不法行為責任を認めることはできないとして，原判決を破棄し，その余の責任原因について審理を尽くさせるために，事件を原審に差し戻した。

エ なお，才口裁判官の補足意見として，「（上記事案における業者）のような経験を積んだ投資家であっても，オプションの売り取引のリスクを的確にコントロールすることは困難であるから，これを勧誘して取引し，手数料を取得することを

業とする証券会社は，顧客の取引内容が極端にオプションの売り取引に偏り，リスクをコントロールすることができなくなるおそれが認められる場合には，これを改善，是正させるため積極的な指導，助言を行うなどの信義則上の義務を負うものと解するのが相当である」との見解が示されている。

(2) 平成17年最判の意義

　ア　一般に業法ルール（公法上の取締法規）の違反は，当然に不法行為を成立させるものでないが，その違反の態様等によっては，不法行為の成立が肯定される場合があると考えられる。平成17年最判は，このような一般的な理解を前提に，「適合性の原則から著しく逸脱した証券取引の勧誘をしてこれを行わせたときは，当該行為は不法行為法上も違法となる」として，業法上の規制の違反と不法行為の成立に関する法理の一端を明らかにした点に重要な意義がある。それ以前の下級審の裁判例の趨勢も，適合性原則違反が「社会通念上許容される範囲を超える」などの要件を満たす場合に，不法行為の成立を認めるという判断を示していたところである。平成17年最判もこれと基本的に同趣旨をいうものと理解される。その意味で格別目新しい判断を示したものではないが，最高裁として初めてこれを明示的に示した意義は大きい。

　　　ただし，「業法規制の著しい違反は不法行為を構成する」という抽象的な法規範が全ての法分野で導かれるものでないことには留意を要する。なぜなら，業法ルールの中には，市場の機能を高めるための一般的な規制のようなものも含まれており，個別の顧客の保護と密接に関係する適合性原則のような規制と同列に論ずることはできないからである。

　イ　次に，平成17年最判の「（原告が）およそオプションの売り取引を自己責任で行う適性を欠き，取引市場から排除されるべき者であったとはいえない」という説示に示されているとおり，当該事案への適用という意味では，適合性原則が包含する多義的な要素のうち，いわゆる「排除の論理」と呼ばれる側面に着目した判断であることを確認しておく必要がある。ここでいう「排除の論理」とは，<u>自己責任原則の妥当する自由競争市場での取引耐性のない顧客を後見的配慮に基づいて市場から排除することによって保護するルール</u>をいう。これは，広狭二義の適合性原則の概念整理でいうと，「狭義の適合性原則」に対応するものである。他方，平成17年最判は，適合性原則の概念のうち，これと異なる側面（具体的には，後記4（104頁）で述べる「投資支援」の側面）に着目した法理の展開を否定する趣旨ではないと解される。

　ウ　最後に，平成17年最判は，「具体的な商品特性を踏まえて，これとの相関関係において，顧客の投資経験，証券取引の知識，投資意向，財産状態等の諸要素を総合的に考慮」すべきものであるとして，適合性原則違反の判断手法について，事例判断の提供という意味を含めて，先例となる判断を示した意義がある。

(3) 平成17年最判後の下級審裁判例の動向

　平成17年最判が出た後の下級審裁判例の傾向について，潮見佳男教授は，次のような興味深い分析を示している[6]。すなわち，平成17年最判後の当初の時期は適合性原則違反を認めた認容例が多くみられたものの，その後は適合性原則違反を認めないものが増加しているという分析を示した上，平成17年最判の法理は「最近の裁判実務では，ほとんど機能していない」として，「適合性原則（狭義）の領域縮小」を指摘している[7]。確かに，投資損害賠償訴訟において適合性原則（狭義）違反の果たしている役割がさほど大きなものとなっていないという指摘は，我々裁判実務家の実感にも沿うもののように思われる。

　その理由として考えられる点であるが，第1に，平成17年最判が着目した「排除の論理」は，自己責任原則との関係でのロジックはクリアであるものの，実際の妥当場面という点でいえば，本質的にさほど広い射程のある法理とはいえないのではないか。むしろ，市場への参入自体は緩やかに肯定した上で，説明義務を含む勧誘・販売態様の適正性等に訴訟の主戦場を据えたいというのが実務的なバランス感覚であるように思われる（平成17年最判の事例判断からも，そのような指向性が垣間見える。）。また，ヘッジ目的のデリバティブ取引においては，会社が取引主体となることが多く，経営判断の観点からしても，取引耐性のない者として適合性を欠くとの認定にはハードルがあったという点もあったかと思われる。

　第2の理由として，適合性に関するチェックとコントロールを行う態勢の構築が進んでいるという点もあるかもしれず，そうだとすれば歓迎すべきことである。

3　適合性原則に関する個別の論点

(1) 適合性原則違反と説明義務違反の関係

　これは既に過去の議論になっていると思われるが，不法行為の責任原因としての適合性原則（狭義）違反と説明義務違反の関係をどのように理解するかという点について，初期の下級審裁判例の中には，①商品の不適合性を認めながら，適合性原則違反ではなく，説明義務違反として不法行為を構成する考え方（説明義務還元型），②適合性原則違反を認めつつ，それ自体による不法行為を導くのではなく，説明義務違反や断定的判断の提供等を総合して，一体としての不法行為を認めるもの（一体的不法行為構成型）などの考え方も存在した[8]。

　しかし，おそらく平成10年頃以降，適合性原則（狭義）違反の不法行為と説明義務違反の不法行為は，別個独立の責任原因になるという理解が確立していったよう

---

[6] 潮見佳男・前掲注1②
[7] 河上正二・前掲注2②，③も，「残念ながら，最高裁判決（引用注・平成17年最判）の判断枠組みは，その後の下級審における『適合性原則』の認定を委縮させ，認知症気味の後期高齢者や年金生活者など，ごく限られた顧客に保護の対象を絞り込む結果をもたらしているようである」と，同趣旨の指摘をする。
[8] 王冷然・前掲注1③43頁以下参照

に思われ，現在の実務はこのような理解を当然の前提にしている。なお，このような理解を前提としつつも，適合性原則（狭義）違反の不法行為を認めた上で，説明義務違反の不法行為も併せて判断する裁判例も散見されるが，これは，選択的併合関係にある複数の請求原因につき，念のために（例えば，控訴審で説明義務違反はともかく適合性原則違反の成立は認められないという判断になる可能性を考慮して），網羅的な判断を示しておくという域を出ないものと理解される。

(2) 非勧誘場面での適合性原則の適用

適合性原則は，業者の投資勧誘の場面（受動的投資者）に限定されるのか，非勧誘場面での販売（能動的投資者への販売）にも及ぶのかという問題がある（これは，才口裁判官の補足意見に示された指導助言義務論とも関連する。）。しかし，適合性原則の問題として考える限り，金商法40条1号の文言に照らしても，適合性原則が投資勧誘の場面に適用される要請であることは明らかであり，このような理解は，適合性原則の母国である米国においても同様のようである。

このようなことから，非勧誘場面での適合性原則の適用には消極的な学説が多数であるが，その場合であっても，顧客に対し，適合性を有しないことを「警告する義務」があるとする見解が有力である[9]。

(3) 学校法人等の適合性

第4章第4節（93頁）のとおり，通貨スワップ等のデリバティブ商品の投機取引で多額の損失を被った学校法人等の非営利法人が，寄附行為の範囲を超える法人の目的の範囲外の行為として無効であるなどという主張とともに，当該取引の適合性原則違反が争われる例があり，このような非営利法人が行うデリバティブ取引（投機取引）の適合性が問題とされた[10]。

しかし，学校法人等の非営利法人の資産運用の在り方として，過度にリスクのある投資が適切でないとされているとしても，実際の適合性原則の適用に当たっては，当該学校法人等の投資経験，証券取引の知識，財産状態，投資意向等の諸要素を個別に判断するほかないと思われる[11]。ただし，業者が，学校法人等の資産運用についてアドバイザー的な立場にあったとすれば，信認関係等を基礎とする別途の法的義務を導く余地があるかもしれない。

---

[9] 森下哲朗「デリバティブ商品の販売に関する法規制の在り方」金融法務事情1951号6頁，王冷然・前掲注1③・370頁参照。

[10] この点につき，金融法委員会「公益法人と金融取引に関する一考察～デリバティブ取引を中心として～」では，理事の善管注意義務との関係から，資産全体の健全性を確保するというアプローチでデリバティブ取引の有効性を検討しており，参考となる。

[11] 和仁亮裕「デリバティブ取引と紛争解決」金融法務事情1951号28頁も同旨。下級審裁判例でも，適合性原則違反を否定したものが趨勢である。大阪地判平成24・2・24判例時報2169号44頁（大阪産業大学），東京地判平成25・4・16判例時報2186号46頁，東京地判平成27・1・30資料版商事法務373号70頁（いずれも駒澤大学）参照。

4 適合性原則と民事責任に関する今後の課題

(1) 現在までの理論的到達点

これまでに述べてきたように，本来的に業法上の規制（業法ルール）である適合性原則の私法ルールへの反映としては，①解釈論レベルでは，平成17年最判が示した「適合性原則違反を理由とする不法行為」があり，②立法的に手当てされたものとしては，適合性原則の考え方を説明義務の方法・程度として投影した金販法3条2項がある。そして，①が狭義の適合性原則に関するもの，②が広義の適合性原則に関するものであり，以上が「適合性原則と民事責任」に関するフレームワークの理論的到達点である。しかし，これをもって議論は終焉・完結したわけではなく，むしろ，民・商法学者による適合性原則についての研究は，近時，飛躍的に増大している[12]。このテーマは，学界の注目度の高い現在進行形の法律問題なのである。こうした最新の議論をここで網羅的に取り上げて分析することは本司法研究の手に余るものであるが，代表的なものを以下に紹介する。

(2) 適合性原則を巡る近時の理論的展開

ア 潮見説[13]

潮見佳男教授は，排除の論理としての適合性原則（禁止規範としての意味）の重要性を強調しつつ，適合性原則には「商品の勧誘・販売に際しては顧客の目的や資産状況に適合した商品を推奨し，販売しなければならない」という「推奨ルール」が含まれているとして，これに着目した「積極的投資支援型の投資者保護理論」を提唱する。この見解は，上記推奨ルールは，広義の適合性原則の下位ルールとして置かれているとして，広義の適合性原則の要請を踏まえつつ，信認関係等を基礎に導かれる「指導助言義務」の形で民事責任を構成しようとするものである。

イ 王冷然説[14]

王冷然准教授は，適合性原則を広狭二義に分類することに実質的意味は乏しく，むしろ重要なのは，適合性原則を「排除論」として捉えるか「支援論」として捉えるかの視座であるとして，特に後者の観点から「個々の顧客の財産状態や投資経験，知識及び投資目的を考慮して，当該顧客にとって適合性のある投資取引を勧誘すること」こそ，適合性原則の真の意味であると述べる。ここでは，「排除論」と「支援論」を二者択一的に位置付けている点で，潮見説とは異なる立場となっている。

---

[12] その詳細は，宮下修一「我が国の金融サービス取引・消費者取引での適合性原則に関する学説・裁判例の状況」現代消費者法28号15頁及び河上正二・前掲注2の各論文を参照。

[13] 潮見佳男・前掲注1①，②のほか，同「投資取引と民法理論―証券投資を中心として―（一）～（四・完）」民商法雑誌117巻6号1頁，118巻1号1頁，2号1頁，3号50頁（特に，118巻3号66頁），同「適合性原則違反の投資勧誘と損害賠償」新堂幸治＝内田貴編『継続的契約と商事法務』165頁を参照。

[14] 王冷然・前掲注1③・特に367頁

ウ 河上説[15]

河上正二教授は，①「治癒不可能な固有の不適合性」（本人に認識・理解・判断能力等が欠けており，いかなる説明をしても危険が除去できない場合）には，「排除の論理」としての適合性原則の考え方に親和的となり，②「情報アプローチによって治癒可能な適合性」（一定の商品について，内容が理解可能であり，適切な仕方で説明をすれば，自己への適合性について顧客が自ら判断・選択できる場合）には，「支援の論理」としての適合性原則に親和的であるとした上，両者は二項対立の関係にある問題ではなく，排除と支援の組合せによる適合性原則の運用が必要とされる。なお，伝統的な分類では，①が狭義の適合性原則，②が広義の適合性原則を指すものと解されるが，あえてこうした用語は使用していない。

(3) 適合性原則を巡る議論の今後の展望

上記(2)でみた最近の議論は，立場の違いはあっても，適合性原則が包含する「投資支援」の側面に着目して民事責任を基礎付けようという指向性において共通するものがある。こうした議論は，フレームワークに関わる非常に大きなテーマであり，本司法研究がこれに正面から取り組むことは困難であるが，今後の実務の参考になるものを含んでいると思われる。こうした議論も踏まえた我々の問題意識としては，少なくとも，後述する「投資目的との不適合」事案を適切に救済する理論的枠組みとして，「顧客に適合した金融商品を販売する義務」又は「顧客に適合しない金融商品の販売をしてはならない義務」が，少なくとも一定の場合には私法上の義務として肯定し得るのではないか，そのような注意義務の理論的根拠は，適合性原則のうちの「投資支援」の側面を求めることができるのではないかと考えている（詳細は後記第4節（137頁）。この提言を，「裁判実務における適合性原則（狭義）の機能不全」の批判に対する回答としたい。

第2節 説明義務

1 問題の所在

近時における投資損害賠償訴訟は，ほぼすべての事案で，損失を被った顧客側から，業者側の説明が十分ではなかったといった説明義務違反の主張がなされる。投資損害賠償訴訟において，説明義務違反は，適合性原則違反と並ぶ2本の柱と位置付けられ，その相対的な重みにおいて，むしろ主戦場といってよいものとなっている。しかし，説明義務違反の根拠とされる信義則という概念自体がオープンなものである上，特に，デリバティブ取引を対象とする投資損害賠償訴訟では，取引の仕組みの難解さに加え，時価評価額や解約清算金の計算方法など，金融工学と関連する事項についての説明義

---

[15] 河上正二・前掲注2②，③

務が主張されることも多いため，説明対象として訴訟の場に持ち込まれる主張内容は多岐にわたり，果たしてどこまでを説明義務の対象として認識すべきなのか，どのレベルの説明がされれば説明義務が果たされたといえるのかといった個別問題については，必ずしも十分な概念整理が調わない中で，手探りの実務が行われているというのがこれまでの現状ではなかったかと思われる。

このような中，最高裁平成25年3月7日第一小法廷判決・集民243号51頁及び同月26日第三小法廷判決・集民243号159頁（平成25年最判），最高裁平成28年3月15日第三小法廷判決・集民252号55頁（平成28年最判）が相次いで出され，対照的な性格のデリバティブ取引について，事例判断ながら注目すべき判断が示されたところである。

本節は，以上の流れを受けて，説明義務の理論的背景及び法制的な展開（金販法の制定・改正）を確認するとともに，上記各最判の説示の分析を通じて，デリバティブ取引に係る説明義務の基本となるべき理論的枠組みの提供を目指すものであり，併せて実務上問題とされている主要な論点についても触れてみたい。

2 説明義務の沿革[16]

(1) 契約締結上の過失論

我が国における説明義務に関する問題は，当初（1960年代から1990年前後まで），いわゆる「契約締結上の過失」を理由とする損害賠償責任の一環として論じられていた。そこでは，契約準備交渉過程を放任しておくことによって生ずる交渉当事者間の不均衡を是正することに議論の主眼があり，各当事者の利益・不利益を衡量して，契約準備交渉段階での一方当事者の作為・不作為の結果をその行為者に帰属させるのが適当であると考えられる場合に，行為者の「信義則上の注意義務違反」を理由とする損害賠償責任が導かれた。

(2) 金融商品取引の分野における説明義務論の展開

1990年代からのバブル経済崩壊の中，ワラントの購入者や変額保険の加入者が損失を受け，証券会社や保険会社に対して損害賠償を求める訴えが多く提起されるに至った。その中で，顧客側は，業者側の説明に関し，断定的判断の提供があったことを主張するにとどまらず，リスクに関する説明が十分でなかったとして説明義務違反を主張する事案も多く発生し，下級審においては，一般論としてリスクに関する説明義務を肯定する判決もなされるようになった[17]。しかし，その初期の議論に

---

[16] 説明義務に関する学説の系譜については，潮見佳男・前掲注1①139頁以下，同『債権総論I〔第2版〕』566頁以下，同「説明義務・情報提供義務と自己決定」判例タイムズ1178号9頁，光岡弘志「説明義務違反をめぐる裁判例と問題点」判例タイムズ1317号28頁等を参照した。

[17] 説明義務を明確に肯定した初期の裁判例として，大阪地判平成6年2月10日（判例タイムズ841号271頁）では，「証券会社又はその役員若しくは使用人は，投資者に対し，投資者が当該取引に伴う危険性について的確な認識形成を妨げるような虚偽の情報又は断定的情報等を提供してはならないことは勿論，投資者の職業，年齢，財産状態，投資目的，投資経験等に照らして，投資者の意思決定に重要な右危険性についての正当な認識を形成するに足りる情報を提供すべ

おいては，債務不履行によるか不法行為によるか，契約有効を前提とするか否か，そもそも説明義務を観念し得るかといった基本的な議論でさえ，裁判例や解釈は分裂しており，適合性原則違反との関係等についても，必ずしも確立した解釈が構築されていたわけではなかった。

その後，説明義務の具体的範囲等は措くとして，裁判実務上，業者側には金融商品のリスクに関する説明義務があり，その違反に対しては不法行為に基づく損害賠償責任が成立することについては，広く受け入れられるようになっており，適合性原則違反と並ぶ二本の柱と認識されるようになっているが，そのような知見は，わずか20年前までは決して自明のことではなかったのである[18]。そもそも，デリバティブ商品が一般に広く販売されるようになったのは，ワラントを別にすれば，ここ十数年間ほどのことであり，デリバティブ商品に関する訴訟が顕著に増加したのは，リーマン・ショック後のことである。

このようなことを考えると，デリバティブ取引に係る説明義務違反を巡る議論の細部がいまだ十分成熟していないとしてもやむを得ないと解され，今後の実務的，理論的究明を待つ部分がなお大きいのである。

3 説明義務の根拠

(1) 説明義務の実質的根拠に関する主な考え方

説明義務論の上記のような展開と並行して，学説上では，説明義務の存在を前提に，当事者の一方が相手方に対して情報を提供しなければならないのはなぜかという，説明義務の実質的な根拠ないし理論的背景についての考察も行われている。

なお，ここで注意を要するのは，本書の対象とするのは飽くまでも金融商品取引における説明義務の問題であるが，論者によっては，より広く消費者取引一般等をも念頭に置いた議論がされている場合があるという点である。以下では，取りあえず，そのようなものを含めた議論の全体像を概観することとするが，金融商品取引（取り分けデリバティブ取引）における説明義務に固有の視点は，下記(2)で改めて取り上げたい。

ア 情報格差の是正，自己決定基盤の確保

第1の考え方は，説明義務の実質的根拠を，情報格差を是正し，自己決定基盤を確保するために要請されるという点に求める立場である。すなわち，金融商品取引においては，顧客と業者との間に，情報・知識等に大きな格差があり，かか

き注意義務を負うことがあるというべきであり，証券会社又はその役員若しくは使用人が，この義務に違背して投資勧誘に及んだときは，当該取引の危険性の程度その他当該取引がなされた具体的事情によっては，私法秩序全体から違法と評価されるべきものというべきである。」と判示されている。

[18] 潮見佳男『契約法理の現代化』44頁以下，清水俊彦『投資勧誘と不法行為』（判例タイムズ社・1999年）187頁以下，青木浩子「ヘッジ目的の金利スワップ契約と銀行の説明義務」ＮＢＬ1005号30頁

る状況下では，顧客が契約を締結するという意思決定をする上で重要な情報が提供されず，真に対等な関係の下での自由な意思形成がなされないままに契約が締結されてしまうことがある。そこで，自己決定基盤及び契約当事者間の対等性を確保する観点から，業者側に対し，顧客が自己決定を行うために必要となる情報を提供する義務を負わせることが正当化されるというものである。

これは，市場メカニズムを基点としつつ，市場原理に全てを委ねてしまうのではなく，自由競争市場における自己決定の障害となる市場の機能不全を除去して自己決定を支援するという新自由主義（ネオ・リベラリズム）の考え方が基調となっているものである。

少なくとも，金融商品の取引法の分野における説明義務の考え方としては，この見解が学説の多数を占めるものと思われる[19]。

イ　消費者（社会的弱者）保護の観点

第2の考え方は，説明義務の実質的根拠を，社会的弱者である消費者保護の観点から基礎付けようとする立場である。すなわち，顧客を社会的弱者である「消費者」と位置付け，消費者保護を実現するために，福祉国家的な観点から，伝統的な私法原理（自己決定に基づく自己責任）を修正するための後見的な介入を求めるものとして説明義務を正当化する見解[20]である。もっとも，金融商品取引における説明義務の範囲等の個別的な議論に関する最近の学説で，これを正面から掲げるものは見当たらない[21]。

ウ　専門家責任，信認関係の観点

第3の考え方は，説明義務の実質的根拠を，専門性を有する事業者に対する社会的信頼から基礎付けようとする立場である[22]。すなわち，業者は，金融商品について専門性を有しており，社会的に専門家としての役割を期待される立場にあることから，専門性を有しない顧客との間の取引交渉においては，顧客からの信頼に応えるべく，適切な情報提供・説明が義務付けられるという見解である。また，契約当事者間に情報や専門的知識の格差がある場合に，当事者間に専門家に対する信頼という意味で，一種の信認関係（fiduciary relationship）が成立しているとして，これに基づいて業者の説明義務を根拠付ける見解もある[23]。

---

[19] 平井宜雄『債権総論〔第2版〕』52頁，潮見佳男・前掲注1①，注16，内田貴『民法Ⅱ（債権各論）〔第3版〕』28頁，中田裕康『債権総論〔第3版〕』127頁参照

[20] 長尾治助『消費者私法の原理』106頁以下，187頁以下

[21] 投資家保護を図る裁判所の後見的対処には支持を表明しつつ，それが「消費者保護の色彩」を帯びることには懸念があると述べるものとして志谷匡史「デリバティブ取引に係る投資勧誘の適用性」商事法務1971号4頁がある。

[22] 能見善久「専門家の責任」別冊ＮＢＬ28号4頁，円谷峻「専門家の不法行為責任」川井健＝塩崎勤『専門家責任訴訟法』〔新・裁判実務体系〕27頁

[23] フィデューシャリーとは，英米法上の概念で，「他者の信頼を得て行動する者一般」を指すものと説明されており，フィデューシャリーは，当該他者との間で信認関係，すなわち当事者の一方が相手の信頼を受け，その者の利益を念頭に置いて行動又は助言しなければならない関係にあり，

この見解は，狭義の情報提供義務だけにとどまらない「助言義務」をも導き出し得る考え方として提唱されているものである[24]。
(2) 検討
　　上記(1)でも触れたように，説明義務の実質的根拠に関する上記3つの考え方は，論者によって想定されている適用場面が異なる可能性があるが，議論の対象を専らデリバティブ等の金融商品取引に絞って考えてみた場合，以下のようなシンプルなロジックで説明義務を導くことも可能ではないかと思われる。すなわち，デリバティブ等の金融商品の取引対象としての本質的部分はリスクにあり，そのリスクをどのように組成して商品として設計するかは，販売側の業者に基本的に委ねられている。その商品特性が一般的な共通認識として通用しているようなもの（例えば通常の上場株式の売買等）は別として，販売側において，当該商品の基本的な仕組みとリスクを分かり易く説明すべきことは条理上当然のことであり，この点で，自動車や電気製品といった一般的な商品の販売とは本質的に異なるのではないかということである。
　　その上で，上記(1)で挙げた説明義務の実質的根拠に関する3つの考え方を整理すると，少なくとも金融商品取引の分野においては自己責任の原則を基調とすべきと考えられることを踏まえると，最近の学説の趨勢である第1の情報格差の是正，自己決定基盤の確保の観点が，説明義務の実質的根拠として位置付ける基本になるものと解される。他方，消費者（社会的弱者）保護の観点，専門家責任の観点についていえば，説明義務そのものというよりは，適合性の原則の考え方が，これらの要請に由来することは前述したとおりであり，その結果，広義の適合性原則の考え方が説明義務論に反映される過程で，社会的弱者の保護，専門家責任等の要請が説明義務の世界に投影される結果となっていることも否定できない。これ自体は，説明義務による顧客の保護を実質化するために意義深いものであるが，後述するとおり，それは飽くまでも「説明の方法・程度」に関する議論であり，社会的弱者の保護等の要請がストレートに説明義務自体の根拠となり，説明義務の対象を画するといった性格の議論になるものではないと解される（以上につき，概念図1（160頁）を参照）。
　　以上をまとめると，デリバティブ等の金融商品取引の説明義務の実質的根拠としては，「リスク組成（販売側がリスクを任意に組成して商品設計を行う）に係る金融商品の特質」及び「情報格差の是正，自己決定基盤の確保」の観点に求めるのが相当であり，いずれも自己責任に基づく自己決定の原則を大前提とするものと考えられる。説明義務の対象を画する等の個別の解釈論に当たっても，これらの観点を基本に据える必要があると解される。

そのような義務を信認義務（fiduciary duty）という。「金融取引の展開と信認の諸相」金融取引におけるフィデューシャリーに関する法律問題研究会（日本銀行金融研究所・金融研究・2010年）参照。
[24] 潮見佳男・前掲注18・578頁

4 説明義務（その違反の損害賠償）の法的根拠

(1) 信義則・不法行為

ア　まず、説明義務自体の実定法上の根拠については、学説上も、説明義務が契約締結上の過失論において論じられていた当初から、これを信義則に求めており、ワラントに関する多くの裁判例においても、説明義務の根拠を信義則に求めている。

判例上も、説明義務に関して、融資と建物建築が一体となった計画の勧誘に当たり、建築会社のみならず金融機関にも調査及び説明をすべき信義則上の義務を肯定する余地を認めており[25]、商品先物取引の分野においても、信義則上の説明義務を肯定した判例がある[26]。ここでいう信義則を基礎づける実質的な内容は、上記3のとおりということになろう。

イ　次に、信義則上の説明義務違反を理由とする損害賠償の法的根拠について、最高裁平成23年4月22日第二小法廷判決・民集65巻3号1405頁は、「契約の一方当事者が、当該契約の締結に先立ち、信義則上の説明義務に違反して、当該契約を締結するか否かに関する判断に影響を及ぼすべき情報を相手方に提供しなかった場合には、上記一方当事者は、相手方が当該契約を締結したことにより被った損害につき、不法行為による賠償責任を負うことがあるのは格別、当該契約上の債務の不履行による賠償責任を負うことはないというべきである」として、不法行為責任のみが成立することを明らかにした。この最判は、信用協同組合が自己資本比率を増強するため自身への出資を勧誘したという事案に関するものであり、一般的な金融商品の投資勧誘とはやや趣を異にするものであるが、上記最判にいう「契約の締結に先立ち、信義則上の説明義務に違反して、当該契約を締結するか否かに関する判断に影響を及ぼすべき情報を相手方に提供しなかった場合」という点において、デリバティブを含む金融商品の投資勧誘場面の説明義務違反と異なるところはなく、基本的にはその射程が及ぶものと考えられる。

ウ　以上からすれば、金融商品取引における説明義務の法的根拠は、後述する金販法は別として信義則に求めることができ、その違反に係る損害賠償は、基本的に不法行為責任として構成されるべきものということになろう。

(2) 債務不履行

上記(1)で引用した平成23年4月22日最判にあるとおり、契約締結前における契約締結の可否に係る説明義務違反の場合、説明義務違反を理由とする損害賠償請求を債務不履行責任として構成することはできないというべきである。

ところで、最高裁平成21年7月16日第一小法廷判決・民集63巻6号1280頁は、商

---

[25] 最一判平成18・6・12集民220号403頁
[26] 最二判平成21・12・18集民232号833頁

品先物取引の事案において，商品取引員の説明義務の違反について，債務不履行責任の成立を認めている。この最判は，商品先物取引委託契約の受託業者が，継続的に「差玉向かい」と呼ばれる利益相反の要素のある取引を行っていながら，そのことを顧客に説明していなかったという事案において，その説明義務を肯定するものである。しかし，上記平成21年最判では，商品先物取引を受託する商品取引員が商法上の問屋（商法551条）に当たり，委託者に対して善管注意義務を負うことを前提に（商法552条2項，民法644条），受託契約成立後における受託業者と顧客との利益相反性に着目して説明義務を導いたものと解される。したがって，デリバティブ取引のうち市場デリバティブの分野については，上記平成21年最判の射程が及ぶと解する余地もあるが，相対取引である店頭デリバティブについては，業者の顧客に対する善管注意義務を取引契約から直接的に導くことができないため，上記平成21年最判の射程が直接及ぶとは解し難い。

(3) 金販法3条，5条

ア　不法行為責任の特則としての金販法

　　金販法は，3条において金融商品販売業者が負う説明義務を明らかにするとともに，5条において説明義務違反による損害賠償義務を定めている。金商法における説明義務が，飽くまでも業法（公法上の取締法規）としての位置付けの規定であって，直ちに私法上の効果と直結しないのに対し，金販法3条，5条は，不法行為責任の特則と位置付けられるものである。

　　具体的には，①金融商品の販売前に説明すべき「重要事項」を3条で法定し，その違反があった場合には故意・過失を問題とすることなく損害賠償請求が可能としている点（無過失責任）（5条），②元本欠損額を損害額と推定するとともに，当該損害と説明義務違反との因果関係を推定している点（損害・因果関係の推定／立証責任の転換）（6条）において，一般不法行為の特則とされる。

イ　金販法の制定経緯

　　平成8年，金融分野における規制緩和，いわゆる日本版ビッグバンが提唱され，平成10年6月の「新しい金融の流れに関する懇談会」の「論点整理」，平成11年12月21日の金融審議会第一部会「中間整理（第二次）」等を経て，金融審議会第一部会の「販売業者の説明義務の明確化を中心とした金融商品の販売・勧誘ルールの整備を行うこと」についての提言がなされ，平成12年5月に金販法が制定され，平成13年4月1日に施行された。

　　金販法は，その後，平成18年に重要な改正が行われている（同年法律第66号）。その主な改正点は，①「取引の仕組みのうちの重要な部分」を説明義務の対象に加えるなど，説明義務の内容の拡充が図られたこと（3条1項），②説明義務の程度について，適合性原則の要請が明記されたこと（3条2項），③断定的判断の提供の禁止規定を新設し，その違反を説明義務違反と並ぶ損害賠償の対象に加えたこと（4条，5条）である。

ウ　説明義務の対象＝「重要事項」

　金販法3条1項は，説明義務の対象である「重要事項」を定める[27]。その規定ぶりは煩雑で分かりにくいが，要は，①リスクの内容を「元本欠損が生ずるおそれ」（1号，3号）と「当初元本を上回る損失が生ずるおそれ」（2号，4号）に分け，それぞれのリスクの内容を説明義務の対象とし，②上記リスクの要因を，<u>市場リスク</u>（金利，通貨の価格，金融商品市場の相場その他の指標に係る変動がリスクの直接の要因であるもの）と<u>信用リスク</u>（金融商品の販売を行う者その他の者の業務又は財産の状況の変化がリスクの直接の要因であるもの）に分け，市場リスクについては市場リスクを生じさせる指標を（1号，2号各ロ），信用リスクについては信用リスクを生じさせる主体を（3号，4号各ロ），それぞれ説明義務の対象とし，③これらリスクを生じさせる「取引の仕組みのうちの重要な部分」を説明義務の対象とした（1号～4号各ハ）ものである。

　また，以上とは別に，権利行使が可能な期間の制限又は契約解除が可能な期間の制限についても，説明義務の対象とされている（7号）。

　なお，5号及び6号が委任する政令の定めは設けられておらず，5号及び6号は現時点で空文となっている。

5　判例の分析

(1) 平成25年最判

　ア　平成25年最判の対象となった下記事件①，②は，いずれも九州の中堅企業であるX①，X②が，三井住友銀行（Y）との間で行ったプレーン・バニラ・タイプの金利スワップ取引について，Yの説明義務違反等を主張して損害賠償を求めた事案である（ただし，併合審理はされていない。）。第1審（事件①につき福岡地大牟田支判平成20年6月24日[28]，事件②につき同支判平成20年11月21日[29]）は，事件①についてはX①の請求を棄却し，事件②については優越的地位の濫用を認めてX②の請求を一部認容したが，説明義務違反については否定した。控訴審（両事件とも福岡高判平成23年4月27日[30]）は，Yの説明義務違反を認め，4割の過失相殺をした上で，Xらの請求をいずれも認容した。

　上記両事件につきYから上告受理申立てがされたところ，最高裁において，まず事件①につき平成25年3月7日に第一小法廷判決[31]が，続いて事件②につき同月26日に第三小法廷判決が出された[32]。両判決とも，裁判官全員の一致で，原判決を破棄し，Xらの控訴をいずれも棄却するというものであり，その核となる判

---

[27] 松尾直彦＝池田和世『逐条解説　新金融商品販売法』116頁以下
[28] 金融・商事判例1369号38頁
[29] 金融・商事判例1419号28頁
[30] 判例タイムズ1364号158頁
[31] 裁判集民事243号51頁，判例タイムズ1389号95頁
[32] 裁判集民事243号159頁，判例タイムズ1389号95頁

示部分はほぼ同じ内容であった。

イ 事件①の事案は，パチンコ店等を経営する会社（X①）が，Yの勧めで変動金利の上昇をヘッジするための金利スワップ取引を締結したところ，金利が上昇しなかったために損害を受けたと主張して，既に支払った固定金利と変動金利の差額883万0355円の賠償を求めた事案である。事件②の事案は，足場工事・イベント用足場の設置工事の事業を営む会社（X②）が，Yの勧めで2件の金利スワップ取引を締結したところ，金利が上昇しなかったために損害を受けたと主張して，既に支払った固定金利と変動金利の差額1234万1372円の賠償を求めた事案である。両事件において締結された金利スワップ取引の概要は以下のとおりである。

〔事件①の事案で締結された金利スワップ取引の概要〕

締結日	H16.3.4
想定元本	3億円
取引期間	H17.3.8 ～ H23.3.28（1年先スタート型）
X①→Y 金利支払条件	固定金利年2.445％ H17.6.8から3か月ごと
Y→X① 金利支払条件	変動金利3か月TIBOR＋0％ H17.6.8から3か月ごと

〔事件②の事案で締結された金利スワップ取引の概要〕

締結日	H15.7.9
想定元本	4億円
取引期間	H16.7.12 ～ H22.7.12（1年先スタート型）
X②→Y 金利支払条件	固定金利年2.145％ H16.10.11から3か月ごと
Y→X② 金利支払条件	変動金利3か月TIBOR＋0％ H16.10.11から3か月ごと

締結日	H16.6.18
想定元本	5000万円
取引期間	H17.6.22～H23.6.22（1年先スタート型）
X②→Y 金利支払条件	固定金利年3.035％ H17.9.22から3か月ごと
Y→X② 金利支払条件	変動金利3か月TIBOR＋0％ H17.9.22から3か月ごと

ウ　福岡高裁判決の判示

　原審である福岡高裁判決は，概要，以下のとおり判示して，Yの説明義務違反を肯定した（事件①，②ともほぼ同じ判示内容である。）。すなわち，当該事案で締結された金利スワップ取引の原理自体は単純で，その理解は一般的に困難でないとする一方，「銀行の対顧客市場における金利スワップ取引における金利水準等については，銀行利ざや等の性質上，顧客に極めて専門的な知識ないし経験がない限り，その目的とした変動金利リスクヘッジとしての効果があるか否かについての判断は極めて困難なものであることは，前記金利スワップ取引自体の構造等から明らか」であるとした上，Yは，契約締結の是非の判断を左右する可能性のある，①中途解約時において必要とされるかもしれない清算金の具体的な算定方法，②先スタート型とスポットスタート型の利害得失，③固定金利の水準が金利上昇のリスクをヘッジする効果の点から妥当な範囲にあることについて，Xに説明しておらず，Yの説明は，極めて不十分なものであったとして説明義務違反を肯定し，本件契約締結の際，Yが必要にして十分な説明をしていたならば，本件取引における上記のリスクヘッジの可能性が著しく低いものであったことなどから，Xが本件契約を締結しなかったことは明らかであるとして，Yの説明義務違反は重大であってXに対する不法行為を構成すると判示し，さらに，本件契約は契約締結に際しての信義則に違反するものとして無効であるとも判示した。

エ　平成25年最判の判示

　これに対し，第一小法廷判決は，以下のように判示して，Yの説明義務違反を否定し，原判決破棄・控訴棄却（請求棄却の1審判決是認）の判決（自判）をした（なお，第三小法廷判決もほぼ同じ判示内容である。）。

　「本件取引は，将来の金利変動の予測が当たるか否かのみによって結果の有利不利が左右されるものであって，その基本的な構造ないし原理自体は単純で，少なくとも企業経営者であれば，その理解は一般に困難なものではなく，当該企業に対して契約締結のリスクを負わせることに何ら問題のないものである。Yは，Xに対し，本件取引の基本的な仕組みや，契約上設定された変動金利及び固定金

利について説明するとともに，変動金利が一定の利率を上回らなければ，融資にお
ける金利の支払よりも多額の金利を支払うリスクがある旨を説明したのであ
り，基本的に説明義務を尽くしたものということができる。」

「本件提案書には，本件契約がＹの承諾なしに中途解約をすることができない
ものであることに加え，Ｙの承諾を得て中途解約をする場合にはＸが清算金の支
払義務を負う可能性があることが明示されていたのであるから，Ｙに，それ以上
に，清算金の具体的な算定方法について説明すべき義務があったとはいい難い。
また，Ｙは，Ｘに対し，先スタート型とスポットスタート型の２種類の金利スワップ
取引について，その内容を説明し，Ｘは，自ら，当面変動金利の上昇はないと
考えて，１年先スタート型の金利スワップ取引を選択したのであるから，Ｙに，
それ以上に，先スタート型とスポットスタート型の利害得失について説明すべき
義務があったともいえない。さらに，本件取引は上記のような単純な仕組みのも
のであって，本件契約における固定金利の水準が妥当な範囲にあるか否かという
ような事柄は，Ｘの自己責任に属すべきものであり，ＹがＸに対してこれを説明
すべき義務があったものとはいえない。」

オ　平成25年最判の位置付け

　（なお，解約清算金の算定方法の説明義務に関する判示の分析は，後記９Ｂ（127
頁）に譲ることとし，ここではそれ以外の点を取り上げる。）

　(ｱ)　上記説示のうち，①「Ｘは，自ら，当面変動金利の上昇はないと考えて，１
年先スタート型の金利スワップ取引を選択したのであるから，Ｙに，それ以上
に，先スタート型とスポットスタート型の利害得失について説明すべき義務が
あったともいえない」との部分，②「本件契約における固定金利水準が妥当な
範囲にあるかどうかというような事柄は，Ｘの自己責任に属すべきものであり，
ＹがＸに対してこれを説明すべき義務があったものとはいえない」との部分は，
最高裁が，「自己決定に基づく自己責任原則」を基礎に据えつつ，自己決定基
盤の確保の観点から必要な限度での情報提供義務が要請されるのだという基本
的な考え方（前記３(1)ア（107頁））に依拠していることを示すものと理解す
ることができるように思われる。

　　すなわち，上記①の先スタート型かスポットスタート型かの選択は，今後の
為替相場の動向の予測に基づいて，顧客が自己責任により自ら決定すべき事項
であって，正に自己決定の対象である。上記②の「固定金利水準の妥当性」に
至っては，それ自体，投資リスクを引き受けるか否かの価値判断そのものであ
る。上記①，②の説示は，このような投資判断の決定過程に介入して，一定の
価値判断を示したり，その判断根拠を提供するようなことについてまで，説明
義務が及ぶものでないことを端的に述べたものと解される[33]。

---

[33]　潮見佳男・前掲注１②14頁は，この点の説明義務を肯定した原審の判断を「契約自由の原則

(イ) そして、③「Yは、Xに対し、本件取引の基本的な仕組みや、契約上設定された変動金利及び固定金利について説明するとともに、変動金利が一定の利率を上回らなければ、融資における金利の支払よりも多額の金利を支払うリスクがある旨を説明したのであり、基本的に説明義務を尽くしたものということができる」という説示は、「取引の基本的な仕組み」と「リスク」の説明をもって、基本的に説明義務は尽くされているという判断を示すものと理解される（後述のとおり、このような判断構造は平成28年最判においても踏襲されている。）。

(2) 平成28年最判（武富士メリル事件）

ア 事案の概要

(ア) この事件は、大手消費者金融会社であったA（旧商号：武富士株式会社）が、証券会社であるY2（メリルリンチ日本証券）の提案により、社債の実質的ディフィーザンスを目的として、Y1（メリルリンチインターナショナル）の組成する仕組債を含む取引（以下、本項において「本件取引」という。）を行ったところ、期日前償還事由が発生して損失を受けたとして、Yらの説明義務違反等を主張して約291億円の損害賠償を求めた事案である。なお、Aは訴え提起後に会社更生手続開始の決定を受けたため、管財人であるXが手続を受継した。

第1審（東京地判平成25年7月19日[34]）は、Xの請求を棄却したが、控訴審（東京高判平成26年8月27日[35]）は、Yらの説明義務違反を認め、5割の過失相殺を行った上で約145億5000万円の支払を命じた。そこで、Yらが上告受理を申し立てたところ、最高裁第三小法廷は、平成28年3月15日、裁判官全員一致により、原判決破棄・控訴棄却（請求棄却の1審判決是認）の判決（自判）をした[36]。

(イ) この事案を理解するために、まず最初に「社債の実質的ディフィーザンス」（in-substance defeasance）から説明する。これは、社債の償還債務が法的には発行体に残存した状態のまま、社債の買入償還を実施するのと同等の会計上の効果を得るための手法である。我が国では社債の買入償還を行うための実務手続が煩雑であるため、社債の償還債務を貸借対照表の負債の部から外し（オフバランス化）、自己資本比率などの経営指標の改善を図ることを目的として利用される。ただし、会計基準上、かかるスキームにより社債が償還されたとみなすためには、元利金が保全される高い信用格付け（ダブルA格相当以上）

そのものの全面否定」、「自由主義市場経済を否定するに等しい」と手厳しい批判をしている。

[34] 金融法務事情2007号100頁

[35] 金融法務事情2007号70頁、評釈として福島良治・金融法務事情2010号18頁、浅田隆・金融法務事情2023号71頁、奈良輝久＝若松亮・銀行法務21通巻781号4頁、782号4頁等

[36] 集民252号55頁、判例タイムズ1424号103頁

の金融資産を拠出することが要求されている。

(ウ) 社債の実質的ディフィーザンスを目的とする本件取引の大まかなスキームは、以下のようなものである。すなわち、社債の発行体であるAが信託銀行に社債の償還原資を信託し、受託者である信託銀行が償還期限までの間、その償還原資を金融資産により運用し、受益者である社債の履行引受人に対してその運用利益等を配当する旨の信託契約を締結するとともに、上記履行引受人が社債の財務代理人に対し、社債の元利金支払債務等の履行として、上記運用利益等を支払う旨の履行引受契約をそれぞれ締結するというものである。これらの関係を図示すると以下のとおりである[37]。

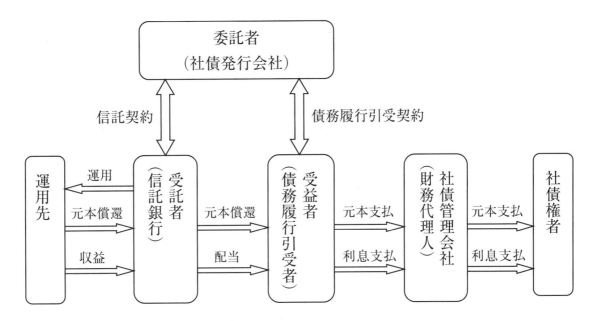

本件取引においてディフィーザンスの対象となる社債は、Aが平成14年6月5日に発行した総額300億円の無担保普通社債（利率：年4.00％、償還期日：平成34年6月5日、以下「本件社債」という。）であった。なお、Aは、それ以前にも平成12年3月23日に発行した総額300億円の無担保普通社債（利率：年2.06％、償還期日：平成19年3月23日）及び平成12年6月22日に発行した総額300億円の無担保普通社債（利率：年2.06％、償還期日：平成19年6月22日）について、平成17年4月に実質的ディフィーザンスを実施したことがあった。その際に運用対象とされた金融資産（以下「運用対象資産」という。）は、メリルリンチ（Merrill Lynch & Co., Inc.）の発行する債券（ユーロ円ＭＴＮ）であり、Aは実質的ディフィーザンスのために、前者の社債に関し312億円余り、後者の社債に関し315億円余りを拠出した。Aが本件社債の実質的ディフィーザンスを計画した平成18年11月当時、本件社債の償還までには15年余りあり、

---

[37] 上記図は三菱ＵＦＪ信託銀行のウェブサイト（デットアサンプション信託のページ・http://www.tr.mufg.jp/houjin/shisan/debt.html）に掲載されているものを参照した。

利率も年４％と高かったため，仮に，日本国債を運用対象資産として実質的ディフィーザンスを実施する場合には拠出額が383億円余りとなり，メリルリンチの発行する債券を運用対象資産とする場合であっても拠出額は364億円余りとなると試算された。そこで，Aは，Y２からの提案に応じて，かかるコストを抑えながら本件社債の実質的ディフィーザンスを図るため，以下のような取引（本件取引）を行うこととした。

㈣　Aは，信託銀行との間で，運用対象資産を特別目的会社（アイルランド法人：以下「本件発行会社」という。）の発行する仕組債（格付きインデックス連動リミティッド・リコース・担保付固定利付クレジットリンク債：以下「本件仕組債」という。）とする特定運用金銭信託契約を締結し，Aはそのための資金を拠出する。本件仕組債は，額面300億円，利率年4.00％，期間15年とされ，本件社債の償還条件に合わせられており，格付けの点から見ても実質的ディフィーザンスの条件を満たすものであった。

　本件仕組債の概要は以下のとおりである（後記関係図を参照）。まず，本件発行会社は，本件仕組債の代金として信託銀行から受領した300億円をもって，シグマ・ファイナンス・コーポレーションの発行するユーロ円債（利率：年2.1375％，期間：15年，以下「D債券」という。）を購入する。本件発行会社は，これを担保債券として，Y１との間で，Y１が本件発行会社に対して本件仕組債に関して支払われるべき元利金（これは本件社債の元利金の支払に充てられる。）を支払い，本件発行会社がY１に対してD債券の元利金を支払う旨のスワップ契約（以下「本件スワップ契約」という。）を締結する。本件スワップ契約には，D債券の売却見積額から後記インデックスＣＤＳ取引等の手仕舞に要する一切の費用を控除した残額を用いて計算し，運用損益等の残高が未償還元本総額の10％以下となった場合には，Y１は本件スワップ契約を解除することができること，そのことにより本件仕組債において期日前償還となった場合には，本件発行会社は，Y１に対してD債券を引き渡し，Y１は本件発行会社に対し清算金を支払うことなどの内容が含まれていた。

　これに加え，本件発行会社は，Y１との間で，ＣＰＤＯ（Constant Proportion Debt Obligation）と呼ばれるインデックスＣＤＳ取引を行う。本件でのインデックスＣＤＳ取引は，多数の企業の信用リスクを集めたインデックスＣＤＳ指数に必要な利回りを実現できるようにレバレッジを掛け，かつ10年以上の長期にわたって運用する仕組みで，インデックスＣＤＳを半年ごとに乗り換えて（ロール）いくものであり，運用状況によってレバレッジ調整を図るというものである[38]。本件において対象となるＣＤＳ指数は，北米ＣＤＳの

---

[38] 上記インデックスＣＤＳ取引においては，予定よりも利益が上がれば，翌期のレバレッジが小さくなるが，利益が少なかったり，損失が生じたりすると，翌期のレバレッジが大きくなる。そのため，参照組織の信用力が悪化して損失が増え始めると，レバレッジの増大に伴い，発生

主要125銘柄から構成されるＣＤＸ Index及び欧州ＣＤＳの主要銘柄から構成されるiTraxx Europeの組合せであり，レバレッジは最大15倍となる（以下「本件インデックスＣＤＳ取引」という。）。本件インデックスＣＤＳ取引においては，Ｙ１が計算代理人として，その損益を算定し，これを仮想資本元帳に記録する。本件仕組債の満期までの間に仮想資本元帳に記録された残高が本件社債の償還に必要な金額の総額以上となった場合（キャッシュ・イン），本件発行会社は本件インデックスＣＤＳ取引を取りやめ，満期に本件仕組債の保有者に対し，未償還元本を全額償還する。反対に，前記のとおり運用損益等の残高が未償還元本総額の10％以下となった場合には，Ｙ１が本件スワップ契約を解除し，本件発行会社は本件仕組債の保有者に対し清算金を期日前に償還することとされていた。

【関係図】

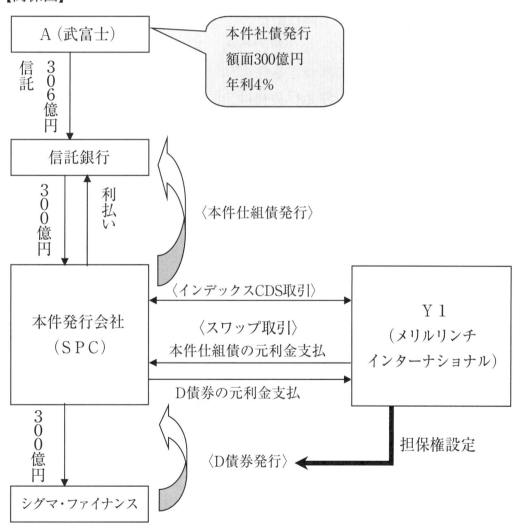

し得る損失額が増大するという性質を有している。一方，指数を取り入れ，半年ごとのインデックス・ロールをすることにより，多くの参照組織の信用力が維持されていれば，一部の参照組織の信用力が低下しても，その影響を受けにくい反面，多くの参照組織の信用力が低下すると，一部の参照組織の信用力が維持されていても，その信用力低下の影響を回避できないという側面がある。

㈺　Aは，平成19年5月2日に，信託銀行に対して306億円（本件仕組債の発行価格300億円に，本件仕組債の最初の利払いまでに支払うべき本件社債の社債権者に対する半年分の利息6億円〔300億円×4％÷2〕を加えたもの）を信託し，同銀行は，同月24日，本件発行会社が発行した本件仕組債（発行日は同月23日）を，Y1及びY2を経由して購入した。なお，格付機関による本件仕組債及びD債券の格付けは，ムーディーズ（Moody's）において「Aaa」であり，スタンダード・アンド・プアーズ（Standard & Poor's）において「AAA」であった[39]。

　しかし，その後の急激な市況の悪化及びこれに伴う信用不安[40]により本件仕組債に組み込まれたD債券及びインデックスCDSの各評価額が急落し，Y1が本件仕組債の計算代理人としてD債券及びインデックスCDSの各評価額を計算したところ，本件仕組債の仮想資本元帳に記録する残高が未償還元本総額の10％以下となった。そのため，Y1は，平成20年2月29日，本件発行会社に対し，約定に基づき本件スワップ契約を解除する旨の意思表示をした。これを受けて，本件発行会社は，同年3月14日，信託銀行に対し，本件仕組債の期日前償還金として3億0892万3454円を支払い，本件取引は解消された。

イ　東京高判の判示

　平成28年最判の原審である前記東京高判は，概要次のとおり判示してYらの説明義務違反を認め，5割の過失相殺をした上で145億円余りの共同不法行為に基づく損害賠償を命じた。

　Y2は，Aの担当者である取締役兼執行役員兼財務部長のCその他の職員らに対し，①担保債券をD債券としたこと及びD債券の年率や格付け，②本件仕組債の仮想資本元帳における具体的な記録内容，期日前償還となった場合の清算金額の計算方法，インデックス・ポジションの計算方法等，③本件仕組債の評価額につきD債券の発行者の信用状況が影響すること，④本件仕組債に係る費用の正確な額，⑤Y1が本件仕組債の計算代理人に就任することといった事項の提示をした。しかし，Cらは，金融取引についての一応の基礎的知識があるにとどまり，上記提示の前は，Aにおいて，本件取引のリスク等について具体的かつ正確な検討をすることが著しく困難な状態であった。しかるに，上記提示は，Aが本件取引に係る信託契約の受託者や履行引受契約の履行引受者との間で折衝に入り，かつ，Aによる本件取引に関する事前調査の予定期間が経過した後に行われ，また，本件仕組債がY2において販売経験が十分とはいえ

---

[39] これらの格付けは，当時における最高ランクの格付けであった。
[40] 本件取引が開始された平成19年の夏頃から，米国のサブプライムローンの不良債権化問題が深刻化し，企業の信用不安が拡大して，インデックスCDS指数も急激に上昇していった。

ない新商品であったにもかかわらず，Y2は上記①，②の各事項の記載された英文書面の訳文をCらに交付しなかった。これらを総合すると，Y2は，Aに対する説明義務を尽くしたということはできず，Yらにおいて説明義務違反があった。

　ウ　平成28年最判の判示

　　最高裁第三小法廷は，以下のとおり判示して説明義務を否定し，原判決を破棄した。

　　「本件仕組債の具体的な仕組み全体は必ずしも単純ではないが，Y2は，Cらに対し，<u>D債券を本件担保債券として本件インデックスCDS取引を行うという本件仕組債の基本的な仕組みに加え，本件取引には，参照組織の信用力低下等による本件インデックスCDS取引における損失の発生，発行者の信用力低下等によるD債券の評価額の下落といった元本を毀損するリスクがあり，最悪の場合には拠出した元本300億円全部が毀損され，その他に期日前に償還されるリスクがある旨の説明をしたというべきである</u>。そして，Aは，消費者金融業，企業に対する投資等を目的とする会社で，その発行株式を東京証券取引所市場第一部やロンドン証券取引所に上場し，国際的に金融事業を行っており，本件取引について，公認会計士及び弁護士に対しY2から交付を受けた資料を示して意見を求めてもいた。そうすると，Aにおいて，上記説明を理解することが困難なものであったということはできない。

　　原審は，Y2による①から⑤までの各事項の提示時期等を問題とする。しかしながら，上記各事項が提示された時点において，Aが本件取引に係る信託契約の受託者や履行引受契約の履行引受者との間で折衝に入り，かつ，上記事前調査の予定期間が経過していたからといって，本件取引の実施を延期し又は取りやめることが不可能又は著しく困難であったという事情はうかがわれない。そして，本件仕組債がY2において販売経験が十分とはいえない新商品であり，Cらが金融取引についての詳しい知識を有しておらず，本件英文書面の訳文が交付されていないことは，国際的に金融事業を行い，本件取引について公認会計士らの意見も求めていたAにとって上記各事項を理解する支障になるとはいえない。

　　したがって，Y2が本件取引を行った際に説明義務違反があったということはできない。以上によれば，Y1にも説明義務違反があったとする余地はな」い。

　エ　平成28年最判の位置付け

　　平成28年最判において問題となった仕組債は，高格付けの債券（D債券）を担保とするインデックスCDS取引が組み込まれたものであり，平成25年最判において問題となったプレーン・バニラの金利スワップ取引に比べて，はるかに複雑な取引であり，また，4％の利回りを実現するためにレバレッジを効かせたハイ

リスクの取引であったといえる。

　しかし，平成28年最判でも，平成25年最判と同様に，「基本的な仕組み」と「リスク」の説明をもって説明義務は尽くされているという判断構造が採用されており（説明義務違反を否定する自判），このような説明義務の対象についての基本的な枠組みは一貫しているものと解される。もちろん，取引（対象商品）が複雑になることによって説明すべき事項は増加するし，また，顧客の属性に応じて説明の方法・程度も異なってくるのであるが，「説明義務の対象」に関する限り，最高裁の考える枠組みは，上記のとおりのシンプルなものであると推察される（この点は，後記6(2)，(3)で詳説する。）。

6　「説明義務の対象」と「説明の方法・程度」

(1)　説明義務違反の判断の二段階構造

　私法上の損害賠償請求の根拠規定として金販法が制定されたことで，説明義務違反の実定法上の解釈運用に当たって，金販法の条文が重要な意味を持つことになる。取り分け，金販法3条1項が「説明義務の対象」を規定し，同条2項が「説明の方法・程度」を規定するという二段階構造とされていることは重要である。個別の顧客の具体的な属性である知識，経験，財産の状況，取引の目的を踏まえて，必要とされる「説明の方法・程度」を検討すべきであるとする同条2項の規定は，適合性原則の節で説明した「広義の適合性原則」の考え方を実定法に反映したものとされており，この考え方は，金販法上の説明義務に固有の要請にとどまらず，信義則上の説明義務を前提とする一般不法行為上の説明義務違反の場面においても妥当するものと解される。

　実際の訴訟においても，このような二段階構造を意識することで，顧客側から主張される説明義務違反の主張について，説明対象に係る争点であるのか，説明の方法・程度に係る争点であるのかを適切に位置付けることができ，説明義務の射程を論理的に分析することを通じて，かみ合った議論が期待できるのではないかと思われる（争点整理の在り方という観点からの詳細は後述する。）。

(2)　説明義務の対象

　説明義務一般の実質的根拠として，①情報格差の是正，自己決定基盤の確保，②消費者（社会的弱者）保護の観点，③専門家責任，信認関係の観点に求める考え方が示されていること，しかし，デリバティブ等の金融商品取引の分野における説明義務の実質的な根拠としては，リスク組成（販売側がリスクを任意に組成して商品設計を行う）に係る金融商品の特質という視点が重要と解されること，その上で，上記3つの考え方の中では，上記①の観点を基本に据える必要があることは，上記3で述べたとおりである。

　そこで，このような考え方に基づいて説明義務の対象を検討すると，まず，「リスクの組成（販売側がリスクを任意に組成して商品設計を行う）に係る金融商品の

特質」という点に着目するならば、当該金融商品がいかなるリスクをいかなる形で組成した商品であるかを明らかにするのが説明義務の核心ということになり、したがって、説明義務の対象として要請されるのは、取引の基本的な仕組みとリスクということになろう。また、「情報格差の是正、自己決定基盤の確保」の観点からは、自己責任を問うだけの情報基盤が欠けている場合に、これを是正する限度での情報提供を行うのが説明義務の目的ということになり、このような観点から要請される説明義務の対象は、いかなる性質のリスクがいかなる仕組みで組み込まれている金融商品であるかということを理解し、当該リスクを引き受ける投資判断を自律的に行うことを可能とするに足りる情報提供こそが説明義務の核心ということになり、結論的には、上記と同様、取引の基本的な仕組みとリスクが説明義務の対象ということになるのではないかと考えられる。これらの情報が与えられた上で、リスク要因等に照らして、将来の相場変動をどのように読み、その変動が引き受けられるリスクの範囲内か否かといったことを判断することは、顧客が自己責任に基づいて行われるべき投資判断そのものであり、そのような意思決定に係る判断過程に入り込んで適切な方向に誘導したり、そうした価値判断の根拠を示すようなことは、説明義務の対象となるべき事項ではないというべきである。

　以上のとおり、「説明義務の対象」は、基本的に、取引の基本的な仕組みとリスクに尽きるものと理解される。平成25年最判及び平成28年最判において、説明義務の理論的な背景に関する一般的な説示はされていないものの、結論的には同趣旨の説示がされており（前記5⑴オ(イ)（116頁）、⑵エ（121頁）参照）、以上に述べたことは最判の理解とも調和するものと解される。また、以上の解釈は、私法上の説明義務に関する実定法規である金販法との整合性からも導かれるところである。すなわち金販法3条1項が定める説明義務の対象（「重要事項」）は、①リスクの内容及び要因と、②「取引の仕組みのうちの重要な部分」とされており、これは、一般不法行為を念頭に上記に述べたところと軌を一にするものである。

(3) 説明の方法・程度

ア　広義の適合性原則の要請

　　説明義務違反の成否を検討する上で、「説明義務の対象」の確定と並んで重要なのが、「説明の方法・程度」の問題である。具体的には、適合性原則の節で述べた広義の適合性原則を踏まえて、業者の顧客に対する説明は、顧客の知識、経験、財産の状況及び取引の目的に照らして、当該顧客に理解されるために必要な方法及び程度によるものでなければならないとされており、平成18年改正によって新設された金販法3条2項に明文規定があるほか、業法上は金商法38条8号、金商業府令117条1項1号に同趣旨の規定がある。この要請は、一般不法行為上の説明義務違反においても変わるところはないと解される。

イ　デリバティブ関係訴訟における説明の方法・程度

　　業者の顧客に対する説明の方法・程度は、当該顧客が理解するに足りるもので

なければならず，その内容は，形式的・画一的にではなく，顧客の属性を踏まえて，実質的・個別的に確定されるべきものである。そして，その具体的な在り方は，狭義の適合性原則について平成17年最判が述べているとおり，<u>顧客の属性と商品特性との相関関係</u>によって決せられるべきであり，このことは広義の適合性原則についても妥当するものと解される。したがって，デリバティブ取引のように，対象商品の仕組みが複雑・難解で，リスクが過大・予測困難なものであればあるほど，説明の方法・程度も高度な内容が要求されることになる。すなわち，「説明義務の対象」が基本的に「取引の基本的な仕組み」と「リスクの内容及び要因」に尽きるといっても，対象商品の特質と顧客の属性に応じて，提供すべき情報量には大きな違いがあるということである。

　その具体的な内容であるが，観念的なリスクを定性的・抽象的に説明しただけでは足りず，リスクを生じさせる指標（株価，為替等）が予想に反する方向に動いた場合の損失の谷の深さについて，具体的な数値によるシミュレーションが示されていることが望ましく，そのような形で，<u>リスクの質と量を具体的にイメージできる説明</u>になっている必要があると解される。そして，リスクの質と量が具体的にイメージさせるに足りる説明かどうかは，顧客の個別的な属性に応じて，事案ごとに定まることになる。

　また，取引の基本的な仕組みについても，キャッシュフローが生じる事由を無味乾燥な文章で形式的に説明するだけではなく，損益図（ペイオフ・ダイアグラム）を示すなどして，視覚的に分かりやすい説明を行うことが望ましい[41]。

　以上の具体的な内容としては，金融庁の監督指針（第3章第1節2（70頁）参照）が参考になると思われる（なお，金融庁の監督指針と私法上の説明義務の関係については，後記9A（126頁）を参照）。例えば，監督指針に規定されているリスク説明の在り方のうち，①最悪シナリオを想定した想定最大損失額はどの程度か，②顧客が許容できる損失額を超える可能性があるのか，③市場がどのようになればそのような場合になるのかといった点は，私法上の説明義務違反の在り方を考える上でも，大いに参考になると思われる。もちろん，これも顧客の属性との兼ね合いで決せられることであり，一律にこのような説明が必要ということではなく，個別事案ごとの諸事情を勘案して総合的に決定されるべきものである。

7　金販法5条と一般不法行為の関係
(1) 両者の利害得失
　ア　金販法のメリット

---

[41] このような点に着目して説明義務違反を認めたものとして，東京高判平成23・10・19金融法務事情1942号114頁がある。

金販法上の説明義務違反による損害賠償は，一般不法行為の特則としての性格を有するものであり，①故意・過失の主張立証が不要である点，②損害額及び損害発生との因果関係が推定される点で，金販法上の説明義務違反の方が原告に有利となる。もっとも，実務的には，これらの要件が深刻に争われる例は少ないように思われ，金販法を使う利点はさほど大きくないというのが実際かもしれない（第5節4（145頁）参照）。

イ　一般不法行為のメリット

説明義務の対象に関しては，①最判の用語である「取引の基本的な仕組み」は，金販法3条1項1号～4号各ハにいう「取引の仕組みのうちの重要な部分」と同趣旨と解されるし，②リスクのうちの主要なものである市場リスク及び信用リスクの内容及び要因は，同項1号～4号各イ，ロに示されているとおりであって，基本的な構造（考え方）において違いがあるわけではないが，個別にみると，以下のような違いが生ずることに留意が必要である。

第1は，金販法3条1項には，市場リスク・信用リスク以外のリスク（例えば流動性リスク）が掲げられていないことである[42]。したがって，ピンポイントで流動性リスクの説明義務違反を取り上げたいような場合には，一般不法行為を主張するしかない。

第2は，金販法3条1項1号～4号各ハにいう「取引の仕組み」とは，デリバティブ商品（同2条1項8号，9号）については，文字どおりの意味を指すが（同法3条5項5号），例えば仕組債の場合，デリバティブが組み込まれているとはいえ金融商品としての基本的な位置づけは「有価証券」（同法2条1項5号）になることから，説明の対象たる「取引の仕組み」は権利・義務の内容に尽きることになる（同法3条5項2号）。このために具体的にどのような差異を生ずるかは微妙であるが，少なくとも，原告の立場での主張が制約されることは否定できないと思われる[43]。

(2)　金販法の活用について

ところで，実際の訴訟においては，金販法5条ではなく一般不法行為だけが訴訟物として選択される例が少なくないように思われ，その理由としては，金販法上の説明義務は硬直的で使い勝手が悪いということが言われている[44]。また，損害賠償額に限定があることを問題とする向きもある。そのような点はあるにせよ，金販法と一般不法行為のメリット・デメリットを押さえて，的確な訴訟物の選択（金販法の活用）が求められるところである。

---

[42]　金販法3条1項における流動性リスクの位置付けについて，和仁亮裕・前掲注11・28頁参照。
[43]　黒沼悦郎「デリバティブの投資勧誘―判例の分析を通じて―」先物・証券取引被害研究45号18頁は，これを金販法の規定の不備であると述べる。
[44]　森下哲朗ほか座談会（中）・後掲注47・金融法務事情1985号60頁の神作裕之発言参照。具体的には，本文(1)イで述べたような点がネックになるようである。

8　積極的な誤導型の説明義務違反について

　理念型としての説明義務違反は，必要な情報提供を怠ったという不作為不法行為が想定されており，金販法3条1項の説明義務も，このような作為義務としての説明義務の懈怠として規定されている（金商法上の説明義務も同様である。）。しかし，実際の投資損害賠償訴訟においては，業者側の誤導的ないし不適切な説明により投資判断を誤らされたという主張がされることが意外に多い[45]。特に，本来的には説明義務の対象とはいえない情報であっても，顧客から求められるなどして情報提供をしたところこれが誤った内容であったために投資判断を誤らせたという場合には，独自の主張として重要な意味を持つ[46]。

　このような類型のものは，これまでに述べてきた情報格差の是正のための情報提供を怠った説明義務違反とは性格を異にし，むしろ本質的に作為不法行為であるという性格に着目するならば，「断定的判断の提供」（金販法4条，5条）などと同根の不法行為類型と考えられる。実務的には，このようなものも説明義務違反として括られていると解され，そのような整理を見直す必要まではないと思われるが，本来的な意味での説明義務違反とは性格が異なる問題であることは認識しておく必要があろう。

9　デリバティブ訴訟で問題となる説明義務に関する諸問題[47]

A　金融庁の監督指針と私法上の説明義務との関係

　金融庁の監督指針は，金融商品取引業者等の実態を十分に踏まえ，様々なケースに対応できるように作成したものであり，これに記載されている監督上の評価項目の全てを各々の金融商品取引業者等に一律に求めているものではないとされていること，監督指針の適用に当たっては，各評価項目の字義どおりの対応が行われていない場合であっても，公益又は投資者保護等の観点から問題のない限り，不適切とするものではないこと，その機械的・画一的な運用に陥らないように配慮する必要があるとされていることは前述のとおりであり，これをそのまま不法行為の成立規範とすることは適切でないと思われる。

　しかし，そのような限界ないし規範としての性格の違いを踏まえつつも，特に，「説明の方法・程度」に関し，金融庁の監督指針が参考になる場面は少なくないと

---

[45] 森下哲朗ほか座談会（中）・後掲注47・金融法務事情1985号58頁の上柳敏郎発言は，単なる不作為の説明義務違反ではなくて，断定的判断の提供又は不実表示に近いようなやり取りがされているケースが裁判になり，認容判決になっている傾向があるのではないかという興味深い指摘をしている。

[46] どちらかと言えばデリバティブよりは投資信託等で問題となる例であるが，対象商品の運用実績について誇張ないし誤導的な説明がされた場合などが挙げられる。毎月分配型投資信託における東京地判平成26・3・11判例時報2220号51頁参照。

[47] 以下の論点にまたがる文献として，森下哲朗ほか「《座談会》デリバティブ取引に関する裁判例を考える（上）（中）（下）」金融法務事情1984号66頁，1985号44頁，1986号72頁がある。

思われる[48]。業者にとっても，監督指針が持つ行為規範としての重みは軽くないはずであり，実務上は，監督指針は相当程度に重要視されているといってよいと思われる。

やや問題になるのは，「監督指針の遡及適用」といわれる問題であり，監督指針の改正前の事案について，改正後の監督指針に従った説明義務を要求してよいかといった形で争われることがある。理論的には，監督指針によって私法上の義務が創設されたわけではなく，裁判上定立すべき規範を認識するための立法事実として参照しているにすぎないのであって，そもそも遡及適用という問題ではない。また，機能的にも，監督指針は，当局による業者へのフォワードルッキングな方向付けを図るという目的を有することからすれば，安易に改正前の事案に当てはめることは避けるべきである。ただし，当該監督指針の改定前から，信義則上の義務として，当該説明を行うべき要請が成熟していたということを基礎づける立証があれば，改定後の監督指針を踏まえた判断をすることも考えられるであろう。

B 解約清算金に関する説明義務

a 店頭デリバティブ取引では，取引所取引におけるように反対売買（転売・買戻し）による期日前決済という形で手仕舞いすることは事実上不可能なことが多く，契約上も，中途解約を制限するとともに，業者側の承諾を得て解約する場合には，所定の解約清算金の支払を求めるのが一般である。このような関係を前提に，解約清算金について，どの程度の説明義務が要求されるかという問題である。

b この点について，金利スワップ取引に関する平成25年最判は，「本件取引のご契約後の中途解約は原則できません。やむを得ない事情により弊行の承諾を得て中途解約をされる場合には，解約時の市場実勢を基準として弊行所定の方法により算出した金額を弊行にお支払い頂く可能性があります」との記載のある提案書（本件提案書）が示されていたという事実を前提に，「本件提案書には，本件契約がYの承諾なしに中途解約をすることができないものであること（①）に加え，Yの承諾を得て中途解約をする場合にはXが清算金の支払義務を負う可能性があることが明示されていたのであるから（②），Yに，それ以上に，清算金の具体的な算定方法について説明すべき義務があったとはいい難い」として，「清算金の具体的な算定方法」の説明義務を否定している。

この説示の趣旨は，①の部分だけに着目すれば，「中途解約が権利として認められていない以上，合意によって中途解約が認められる場合の解約清算金に関する説明義務はおよそ成立する余地はない」との趣旨と考える余地もなくはないが，

---

[48] このような監督指針の損害賠償事件における有用性を指摘するものとして，青木浩子・前掲注18（特に36頁），森下哲朗ほか座談会（上）・前掲注47・金融法務事情1984号86頁の森下哲朗発言等がある。

②の説示も含めた理解としては，そのような単純な割り切り方をしたものではないように思われる。およそ中途解約という出口が想定されていない金融商品であればともかく，この事案の金利スワップ取引では，期間が５年もの長期に及んでいる上，中途解約は「原則として」できないものの，中途解約清算金を支払っての中途解約の可能性があることについてはＹ自身が提案書中で言及しているのである。そうすると，解約後の清算の在り方を「取引の基本的な仕組み」の一部と理解するか，又は中途解約時における清算金の発生を時価変動リスク（市場リスクの一種と位置付けられる。）の顕現と把握するか，いずれかの構成により，説明義務の対象になると解すべきであり，問題となるのは，当該説明の「方法・程度」ということになろう。

c 以上の理解の下，平成25年最判が，「清算金の支払義務を負う可能性があること」の説明を超えて，「清算金の具体的な算定方法」まで説明すべき義務があったとはいえないと判断した実質的な理由は，中途解約の権利としての弱さという事情に加え，清算金の具体的な算定方法といっても一義的に定まっているとは限らず，その法的な説明義務を求めることは事実上困難であるという配慮があったものと推察される[49]。

なお，相対契約による店頭（ＯＴＣ）デリバティブ契約のデファクトスタンダードというべきＩＳＤＡマスター契約においても，債務不履行等により期限の利益が喪失した場合の解約に伴うケースであるが，清算金の算定は，「マーケット・クォーテーション方式」又は「ロス方式」による（1992年版），あるいは「商業的に合理的な方法で算定」（2002年版）という程度の定めしか置いていない（第３章第２節（77頁）参照）。それは，これ以上の具体的な算定方法を定めるという硬直的な運用が必ずしも適切でないと考えられる一方，デリバティブ取引の世界では当業者において合理的と考える一定の幅に収まる合理的な時価評価額が存在するはずだという前提理解があるからと思われる。これがデリバティブ取引の中途解約清算金に関する国際的な常識なのであり，「清算金の具体的な算定方法」の説明を画一的に求めることは，このような観点からも，適切でないと解される。

d 他方，金融庁の監督指針の平成22年改定により，解約清算金については，「最悪シナリオを想定した試算額」等を説明すべきものとされるに至っていることは前述のとおりである（第３章第１節２(3)イ(イ)（73頁）参照）。平成25年最判は，上記監督指針改定前の事案であったこともあり，この点には言及されていないが（前述した「監督指針の遡及適用」の一場面である。），今後，上記監督指針改定後の事案が現れた場合には，個別の顧客の属性を踏まえた「説明の方法・程度」

---

[49] 福島良治「店頭デリバティブ取引を取り巻く近時の変化と法務的論点―解約清算金に関する説明義務ほか―」金融法務事情1961号53頁

に係る要請として,「最悪シナリオを想定した解約清算金の試算額」の説明が求められる余地は十分あるものと思われ,平成25年最判も,そのような解釈を否定する趣旨ではないと解される[50]。

C 金融工学的な知見の説明義務[51]

a 金融工学的な知見の説明義務を求める議論は様々な見地から主張されることがあるが,代表的なものとして,①デリバティブ取引を行った後のリスク管理のためには,金融工学的な専門知識を要するリスク管理手法が必要となることから,デリバティブの販売には,そのような金融工学的な知見の説明が必須になるというもの[52],②時価評価の重要性を理由に時価評価額の評価手法(金融工学的な知見が不可欠となる。)の説明が必要であるというものがある。

b そこで検討するに,上記①の「リスク管理手法」についても,上記②の「時価評価手法」についても,様々な手法の選択が可能なものであって,その内容が一義的に定まっているわけではない。そのようなバリエーションの中から,私法上の義務としての説明義務の内容を特定し,損害賠償の基礎とすることは,それ自体困難ないし不適切と思われる。

また,このような高度な金融工学的知見が必要な事項についてまで一般的に説明義務が及ぶとなると,デリバティブ商品は事実上プロ相手にしか販売できないことになってしまいかねない。しかし,例えば平成17年最判もそのような見解に与していないことは明らかであるし,平成25年最判及び平成28年最判から看取される,「取引の基本的な仕組み」と「リスク」の説明をもって説明義務は基本的に尽くされたことになるという判断構造に照らしても,過剰な要求であるように思われる。

c ところで,時価評価額の評価手法の説明義務を主張する立場の理由付けとして,時価評価額が解約清算金,追加担保差入額の基準額となっていることを強調する見解もある[53]。時価評価額の評価手法が示されてない以上,重要な契約条項に係

---

[50] 平成25年最判の評釈でこれと同旨をいうものとして,青木浩子・前掲注18,加藤新太郎「固定金利と変動金利を交換してその差額を決済するという金利スワップ取引に係る契約における銀行の説明義務」金融商事判例1431号8頁がある。これに反対のものとして,古田啓昌「顧客との間で金利スワップ取引をした銀行の説明義務違反が否定された事例」民事判例Ⅶ〔2013年前期〕106頁。なお,下級審裁判例で,解約清算金の試算額の説明がなかった点に関し説明義務違反を認めたものとして,大阪地判平成24・2・24金融法務事情2003号160頁がある。
[51] 谷健太郎「金融工学と投資判断・相場観」金融法務事情1981号4頁参照
[52] このような説明義務を否定した裁判例として,東京高判平成26・4・17金融法務事情1999号166頁がある。これは,説明義務違反を肯定した東京地判平成24・11・12金融法務事情1969号106頁を取り消したものである。
[53] このような説明義務を肯定した裁判例として,東京高判平成26・3・20金融商事判例1448号24頁(その原審である東京地判平成24・9・11も同旨)がある。これは,時価評価額が解約清算金及び担保差入額基準額とされていることに着目して,時価評価額の変動要因,その変動が時価評価額に及ぼす具体的な影響等を説明すべきであるとして説明義務違反を肯定したもので

る必要な情報が提供されたとはいえないという趣旨である。

しかし，市場リスクが適切に説明されている限り，市場リスクの発現としての損失の発生は，顧客において理解し受容していたはずである。そして，そのような市場リスクが，時価評価額の低下という形で契約期間中に顕在化したのが解約清算金と追加担保差入額の問題にほかならないのである。すなわち，解約清算金と追加担保差入額という形で発現されたリスクは，市場リスクとして説明されたリスクと本質的に異なるものではないはずである。そうすると，解約清算金と追加担保差入額の場面に限って，なにゆえに時価評価額の算定方法という要素が説明義務に上乗せされるのか，合理的な理由を見出し難いように思われる[54]。

ただし，一般的な市場リスクとは別に，解約清算金と追加担保差入額の発生場面に特有の非類型的なリスクが潜在しており，後者のリスクが顧客の損害として現実化したという場合に，当該リスクに着目した説明義務違反を追及するということはあり得ないではないと思われる[55]。

D　ボラティリティ，ノックイン確率，過去の指標データ等の説明義務

例えば，仕組債におけるノックイン事由の発生に関わる重要な指標であるボラティリティ（ヒストリカル・ボラティリティ），ノックイン確率，その他の過去の指標データを説明すべきであるといった主張である[56]。

市場リスクを生じさせる指標が説明義務の対象となることは当然（金販法3条1項1号，2号各ロ）であるとしても，当該指標の今後の動向に関し，いかなる資料をどの程度収集し，それをどのように活用するかということは，基本的にはそれぞれの顧客の投資手法と相場観いかんによって決定される事項である。例えば，チャート分析で相場の法則を読むことに賭けている投資家（「チャーチスト」などと呼ばれる。）に，時価評価額関連データを提供しても全く意味がない場合もあろう。また，特定のデータのうちのどの程度の期間のヒストリカル・データを抽出とするのか，ノックイン確率の算出について，どのような前提の置き方をするのか等の問題があり，それ自体が断定的判断の提供とされかねない懸念もある。

ところで，金融庁の監督指針において，市場リスクの説明として，最悪シナリオ

あり，上記Bで検討した「解約清算金の算定方法の説明義務」の問題ともオーバーラップする。同様に，追加担保差入額の説明義務違反を認めた裁判例として，大阪地判平成23年10月12日判例タイムズ1373号189頁がある。

[54] このような趣旨を述べるものとして，東京地判平成24・7・23金融商事判例1414号45頁がある。
[55] 前掲注53の東京高判平成26・3・20も，このような趣旨を述べるものと理解される。
[56] 鈴木英司「金融商品の説明義務に関する新たな視点／金融商品のリスクとは何か—判例にみる主観的リスク論と客観的リスク論—」現代消費者法28号84頁は，説明義務の対象となる「リスク」とは「統計的な分散」であり，ボラティリティ等の指標で数値化して具体的に説明できるものであるとするが，これも同趣旨をいうものと解される。

（合理的なヒストリカル・データ等を踏まえたもの）を想定した最大損失額等の説明が要請されていること，この要請が，私法上の説明義務の方法・程度を考えるに当たっても重視されるべきであることは前述のとおりである。顧客にとってのリスクの分かり易い把握という意味では，最大損失額の説明の方がむしろ適切であり，ボラティリティ，ノックイン確率，過去の指標データ等につき，独立した説明義務を認める意義は乏しいように思われる[57]。

E　その他の説明義務

以上に検討したもののほか，①時価評価額その他のプライシング内容の説明義務，②投資目的との適合性に関する説明義務（顧客のニーズに適合する根拠の説明等）などの議論もあるが，適合性原則その他の問題と交錯するテーマであり，次節以下で取り上げることにする。

第3節　プライシングの不当性・不透明性を巡る議論について
1　問題の所在
(1)　上場されているデリバティブ商品のように市場価格が形成されている商品は別として，店頭（OTC）デリバティブにおいては，業者と顧客の1対1の相対取引によって価格設定を含めた契約条件が決定されることになる。

　ア　しかし，価格理論を駆使したプライシングを行う専門能力と情報量において格段の違いがある業者と顧客との間において，対等な価格競争メカニズムが働くのか，不公正な価格設定がされているのではないかという問題提起がされることが少なくない。平成25年最判の原審（福岡高判平成23・4・27）がいう「スワップ対象の金利同士の価値的均衡からの妥当な範囲にあること（の説明義務）」というのも，このような問題意識に基づく議論にほかならない。

　イ　デリバティブ取引においてプライシング（の妥当性）の説明義務といった問題が提起される第2の理由として，デリバティブにおいては理論値なるものが観念できるという点も重要と思われる。プロ同士のデリバティブ取引では，契約上の価格設定は各々の理論値を基礎として，等価に近いキャッシュフローを交換しているのに対し，一方当事者が素人になった途端に，この関係から差異が広がってしまうのである（第2章第1節2（49頁）参照）。そのような構造に対する不信感のようなものが根底にあるように見受けられる（ただし，このよ

---

[57] ボラティリティ，ノックイン確率の説明義務を否定した裁判例として，東京高判平成26・4・17金融法務事情1999号166頁（説明義務を肯定した東京地判平成24・11・12金融法務事情1969号106頁を取り消したもの）及び大阪高判平成25・12・26判例時報2240号88頁が，「過去3年分の日経平均株価の推移」の説明義務を否定した裁判例として，東京高判平成23・11・9判例時報2136号38頁がある。

うな価格の二重構造が何ら不公正なものといえないことは，第2章第1節2（49頁）で述べたとおりである。）。

ウ　第3の理由として，業法上の規制として，少なくとも建前上は「手数料等」の明示が求められていることとの関係も議論されている。後述するとおり，この業法上の要請は，現状ではかなり緩やかに運用されており，私法上の義務に直ちに結びつけることができるかどうかは難しいと思われるが，今後のあるべき姿として考えた場合，プライシングの透明性を求める方向に議論が進むことが予想される。

(2) このような店頭デリバティブに固有の「プライシングの不当性・不透明性」をめぐる議論が訴訟の場に持ち出されるようになったのは，最近数年以内（10年は遡らないと思われる。）の新しい流れであると思われるが，あるときは説明義務違反の衣をまとい，あるときは公序良俗違反（暴利行為）の衣をまとって，業者の責任を追及するという構図が生み出されるのであるが，その法的な主張をどのように位置付けていくべきであろうか。

2　プライシング内容の説明義務

(1)　議論の対象について

店頭デリバティブ商品の価格構成としては，理論価格とこれに上乗せされる要素として，カウンターパーティ・リスク・プレミアム，業者としての諸コスト，手数料（利益）等の各要素が含まれるところ，プライシング内容に係る説明義務を業者に課するという議論についても，子細にみると，以下のような多様な内容が含まれている。

すなわち，①当該金融商品の理論価格（契約時時価評価額）を説明すべきであるとするもの[58]，②プライシングの「妥当性」の説明義務を求めるもの，③時価評価額が，担保提供・解約清算金の基準額とされ，追加担保提供義務，解約清算金の支払義務という契約上の権利義務に直結していることに着目し，時価評価額の変動要因，その変動が時価評価額に及ぼす具体的な影響等を説明すべき義務があるとするもの[59]，④時価評価の算定の基礎となるボラティリティ，ノックイン確率等の説明義務を求めるもの等であり[60]，他方，これらプライシング内容についての説明義務を認めることに消極又は懐疑的な見解[61]も有力である。

---

[58]　黒沼悦郎・前掲注43（特に27頁）。これは，業者利潤その他の価格の構成要素を明らかにすべきであるとの主張につながるものである。

[59]　東京高判平成26・3・20金融商事判例1448号24頁

[60]　青木浩子「廃墟の中から―最高裁ヘッジ目的スワップ判決とそれ以降」ＮＢＬ1031号1頁は，これらを包括して「新規な説明義務」と呼んでいる。

[61]　松尾直彦「店頭デリバティブ取引に係る時価評価主張への疑問―最一小判平25．3．7を踏まえて―」金融法務事情1976号18頁，福島良治「店頭デリバティブ取引のプライシングや手数料の説明に関する補論」金融法務事情1978号71頁

このうち、③は第2節9B（127頁）で、④は同D（130頁）で既に説明したので、以下では、①、②を中心に検討する。

(2) 平成25年最判の分析

ア　金利スワップに関する平成25年最判が、「固定金利の水準が妥当な範囲にあること」についての説明義務を認めた原審（福岡高判）を覆し、これを否定する判断を示したことは前述のとおりである。金利スワップにおける固定金利水準の設定とは商品の価格設定すなわちプライシングにほかならず、原審（福岡高判）の判断は、要するに、「プライシングの妥当性」の説明を求めたものということになる。しかし、自己決定原則を基本とする説明義務の枠組みで考えた場合に、「プライシングの妥当性」とは投資判断そのものであって、業者が説明するような筋合いの問題でないことは、既に述べたとおりであり、最判の判示も一義的にはその趣旨を述べるものと理解される。

イ　それでは、平成25年最判は、「妥当性」という主観的ないし価値評価的な判断に説明義務が及ばないと判断したにとどまらず、プライシングの客観的な構成（理論値とそれに上乗せされる諸要素の内訳）の開示を求める説明義務についても消極的な判断を示していると理解できるだろうか。

この点、平成25年最判は時価評価額を含めたプライシング内容の説明一般を否定した趣旨であると理解する見解もあり[62]、確かに、平成25年最判がプライシング内容の説明義務一般を否定する考え方と親和性があるということはできようが、厳密な意味での判例の射程を超える問題であることは否定できないと思われる。

(3) 投資判断の前提としての不可欠性について

そこで、まず、理論価格又は業者利潤の開示が投資判断の前提として不可欠なものかどうかという実質的な吟味をしてみたい。

ア　この点、デリバティブが（単なる博打ではなく）金融商品として成り立っているのは、原資産の将来予測とは切り離して理論価格を決定できるという特質ゆえであり、したがって、理論価格こそデリバティブ商品の本質であって、その開示なくして投資判断はできないという見解がある[63]。しかし、現実の投資判断の在りようとして、「複雑な仕組債の金融商品であっても投資にあたっては、金融工学の評価手法を理解しようがしまいが、株式等の単純な商品と同様に、投資家は契約条件に示されている市場指標の変化により生ずる損得を判断するしかないのである」という見解[64]にも、少なくとも相応の説得力があるように思われる。

---

[62] 島田邦雄ほか「代理人弁護士に聞く／金利スワップ最高裁判決の今後の影響」銀行法務21通巻759号4頁

[63] 黒沼悦郎・前掲注43（特に28頁）参照

[64] 福島良治・前掲注61（特に72頁）参照。なお、青木浩子「仕組債に関する裁判例の動向と考察」金融法務事情1984号92頁（特に104頁）は「これらの情報（注：価格構成要素の理論価値あるいは業者利潤）は、投資判断上の有用性が高いとは必ずしもいえず、真に顧客の投資判断のため

イ　また，デリバティブ取引においては対等な価格競争メカニズムが働きにくいのではないかという冒頭に記載した問題意識についてであるが，これに対しては，デリバティブが高度に専門的な内容を含む商品であるからといって，複数業者に相見積もりを出してもらうなどの方法で価格の相当性を比較検討することの障害となるものではないという反論もされているところである[65]。

　　ウ　以上の議論を通じて，「投資判断に不可欠だ，いや必要とはいえない」の水掛け論の域を超えて，デリバティブ取引において価格の構成要素の開示が投資判断の前提として要請されるのはなぜかという核心部分につき，積極説の立場から十分な根拠が実証的に示されているとはいえないように思われる。

(4)　業法上の行為規制との関係

　　金商法の行為規制として，契約締結前交付書面につき，「手数料，報酬，費用その他いかなる名称によるかを問わず，金融商品取引契約に関して顧客が支払うべき手数料等」の種類ごとの金額，上限額，計算方法等の表示義務が課せられている（金商法37条の3第1項4号，金商業府令81条）。そして，この「手数料等」は，顧客が支払うこととなる固定金利や取引価格に織り込まれているからといって，一律にその開示が不要となるとはいえず，実質的に手数料等に相当する部分が存在するときは，その表示が必要とされている（パブリックコメントに対する金融庁の回答）。もっとも，これらの記載をすることができない場合には，「その旨及びその理由」を表示すれば足りるとされており（金商業府令81条1項ただし書），デリバティブ取引に関しては，ただし書の適用による例がほとんどであるとされている。そして，その理由として，オプション料や受取金利等のキャッシュフローに織り込まれている諸要素（カウンターパーティ・リスク・プレミアム，諸コスト等）を正確に分離するのは技術的に難しく，例えば貸出金利でも，手数料部分を分離して表示するようなことはされていないこと，業者の使用するモデルによって時価評価額は異なること等の理由が挙げられている[66]。

　　このように，手数料等の表示義務は，規定上も運用上も，ただし書による例外が広く認められている，緩やかな業法上の行為規制であって，ただし書を前提としない本文部分だけを私法上の説明義務違反にストレートに結びつけるような解釈は，適切といえないと思われる。もっとも，業法上の原則的な理念として，プライシング内容の開示が求められているということは無視されるべきでなく，例えば，今後，

　　欲するというよりは，訴訟で立証しやすいため戦術的に主張されているようにも思われる。」とされる。

[65]　森下哲朗ほか座談会（上）・前掲注47・金融法務事情1984号73頁以下参照。なお，この文脈でしばしば用いられる比喩として，「自動車の販売において価格の構成要素を素人が推し量ることは不可能であるが業者利潤の開示が求められることはない」という議論がされることがあるが，自動車の販売についてそもそも説明義務があると考えられていないことを踏まえると，必ずしも適切な例とはいえないように思われる。

[66]　福島良治・前掲注61参照

自主規制等による手数料（業者利潤）制限が導入されたり，監督指針の改正等により手数料開示の運用実態が変更されるなどした場合には，それを反映したプライシング内容の説明義務が，不法行為の前提となる信義則上の義務として肯定されるようになる可能性もあるのではないかと思われる。

3 その他の観点からの検討
(1) 利益相反等の観点からの開示義務等

ア ドイツ連邦通常裁判所（ＢＧＨ）の2011年（平成23年）3月22日判決が，銀行と事業会社との金利スワップ契約につき，利益相反性を根拠として，契約締結時の時価を説明すべきであったという判断を示していることは，前記（第3章第2節5（84頁））のとおりである。しかし，このＢＧＨ2011年判決自体，ドイツの学説でもその評価は定まっていない上，前提となる制度（ユニバーサル・バンク制度，業法上の利益相反規制）が我が国と異なることは前述のとおりであり，この議論をそのまま我が国に持ち込むことには慎重な検討が必要と思われる。

イ また，我が国においても，商品先物取引に関してであるが，最高裁平成21年7月16日第一小法廷判決・民集63巻6号1280頁は，業者側が特定の種類の商品先物取引について差玉向かい取引を行っている場合，専門的知識を有しない顧客に対し，「差玉向かいを行っていること及び差玉向かいは商品取引員と委託者との間に利益相反関係が生ずる可能性の高いものであること」を十分に説明すべき義務を負うとして，利益相反性からの説明義務を肯定している。しかし，同最判は，業者と顧客との関係について，「商品先物取引を受託する商品取引員は，商法上の問屋であり（商法551条），委託者との間には，委任に関する規定が準用されるから（同法552条2項），商品取引員は，委託者に対し，委託の本旨に従い，善良な管理者の注意をもって，誠実かつ公正に，その業務を遂行する義務を負う（民法644条）」と判示されており，業者の善管注意義務から前記説明義務を導いている。本項のテーマが相対取引である店頭デリバティブ取引に固有の問題であることを考えると，上記平成21年最判の考え方を価格の構成要素の開示義務の根拠とすることは難しいように思われる[67]。

ウ 以上の議論に関連して，学説の中には，金商法36条1項の誠実公正義務の反映として，取引の複雑性，業者の利益の程度，信頼関係の強さ等に着目して，少なくとも一定の場合には，時価評価額ないし価格上乗せ要素の説明義務が発生するという考え方もある[68]。しかし，いわゆる専門家責任の分野において，業法上の

---

[67] およそ相対取引である以上，高く売りたい売主と安く買いたい買主で利益が対立することは当然であるが，このような意味における当事者対立構造自体は，売主に特別な義務を課する根拠となるものではない。

[68] 山下友信「事業者に対する複雑なデリバティブ取引の勧誘と金融商品取引業者等の責任—2011年ドイツ連邦通常裁判所判決を素材とした一考察」伊藤眞ほか編『経済社会と法の役割』〔石川正先生古稀記念〕913頁

誠実公正義務を不法行為責任の根拠にするという法律構成は、これまでの最高裁判決において慎重に回避されていること[69]との関係を検討する必要があろう。ただ、金融庁は平成27事務年度金融行政方針において、プリンシプルとしてではあるが、フィデューシャリー・デューティ（他者の信任に応えるべく一定の任務を遂行する者が負うべき幅広い様々な役割・責任の総称）という考えを打ち出しており、まだ法的概念としては成熟はしていないが、今後注視しておく価値はあると考えられる。

(2) 公序良俗違反について

デリバティブ取引であっても、経済的合理性の薄いものについては賭博として公序良俗違反になる余地があると解される（後記第6節2（148頁））。また、暴利行為が公序良俗違反になるという伝統的な理解は、デリバティブ取引でも妥当するはずである。しかし、現実的な適用として、通常のデリバティブ取引につき、賭博性、暴利行為性が肯定されることは考えにくいように思われる[70]。

(3) 商品組成上の注意義務違反の観点からの検討

後述（第5節2（143頁））するとおり、「商品組成上の注意義務違反」（欠陥商品論）の主張中で、その欠陥を根拠づける要素としてプライシングの不当性が強調されることもある。しかし、プライシングの当・不当の問題を「商品組成上の注意義務違反」と言い換えたところで、その違法性を基礎づけることは困難と思われる。

4　まとめ

プライシングの不当性・不透明性を巡る議論の現状と到達点は、以上のとおりと思われる。金融商品取引分野においては、まず業者規制が先行してこれに私法上の効果が付与されるという流れが我が国の理論的な展開過程であったことを考えると、一定の手数料規制のような自主規制又は業法規制に基づく規制実態が先行していればともかく、私法上の不法行為が業者規制を先取りするような議論を展開することは困難と思われる。もっとも、時価の説明義務（価格の構成要素の開示義務）や手数料の開示を巡る問題は、国際的にも今まさに論争されているテーマであり、平成25年最判をもって議論に終止符が打たれたと理解するのは適切でないと思われる。内外における今後の理論的な展開が注目されるところである。

---

[69] 宅地建物取引業者に関する最二判昭和36・5・26民集15巻5号1440頁、最高裁判例解説民事篇昭和36年度207頁〔倉田卓次〕、建築士に関する最二判平成15・11・14民集57巻10号1561頁、最高裁判例解説民事篇平成15年度(下)690頁〔宮坂昌利〕参照

[70] 青木浩子「ヘッジ目的の金利スワップ契約に関する銀行の説明義務—福岡高判平23.4.27を契機に—」金融法務事情1944号72頁も同旨

第4節　投資目的との不適合について
1　問題の所在

　業者において顧客のヘッジ目的に適うものとして勧誘がされたにもかかわらず，実際に販売されたデリバティブ商品は顧客の具体的なヘッジニーズに適合していなかったといった点が問題とされることがある。平成23～24年前後に金融ＡＤＲに大量に申立てがあった為替デリバティブにおいて典型的にみられる主張であるが，裁判実務の現場において，この種事案に適切な救済を与える理論的な受け皿がこれまで十分整備されてこなかったのではないかというのが我々の問題意識である。

　金融ＡＤＲでは，主として適合性原則の問題として処理されたようであるが（第3章第2節4（81頁），第4章第1節（88頁）参照），裁判実務の立場で，金融ＡＤＲの実績から学ぶべき点があるのではないだろうかという視点も含め，従来の実務で採用されてきた狭義の適合性原則違反と説明義務のそれぞれの守備範囲，別途の理論的枠組みによる対応可能性について検討してみたい。

2　既存の判断枠組みでの対応可能性
(1)　狭義の適合性原則違反による対応

　　平成17年最判に示された狭義の適合性原則違反を理由とする不法行為の法理は，取引耐性のない顧客を後見的配慮に基づいて市場から排除することによって保護するというルール（いわゆる排除の論理）として実務上認識され，定着していると思われる。いわば市場への「入口規制」としての適合性原則ということができる。このような観点から考える限り，ヘッジニーズとの不適合ケースを入口規制という観点から救済することは，ミスマッチの感を免れないという印象がある。

(2)　説明義務違反による対応

　　次に，説明義務違反による対応を検討する。一般に，勧誘する金融商品が「顧客の投資目的に適合していること」は，説明義務の対象になるといえるだろうか。

　　この点は，これまで繰り返し述べてきたように，説明義務の基本は，「リスクの組成（販売側がリスクを組成して商品設計を行う）に係る金融商品の特質」及び「情報格差の是正，自己決定基盤の確保」という観点に求めるべきであり，自己決定の過程に介入して一定の価値判断を示すような役割まで担うものではない。このような見地から考えると，対象商品が投資目的に適合するかどうかは，顧客が自身のニーズに基づいて自ら判断し，決定すべきことといわざるを得ない（プライシングの妥当性についての説明義務を否定した平成25年最判と同じ考え方である。）。取引の基本的な仕組みとリスクの内容及び要因についての基礎的な説明義務が尽くされている限り，判断能力のある顧客であれば（判断能力がない顧客は狭義の適合性原則違反で救済される。），それが自らにとって必要な商品か否かについて，自己責任に基づく決定ができるはずである。

　　そうすると，投資目的との不適合の問題を説明義務の範疇で捉えることには無理

があると思われる。

3 「不適合商品勧誘の不法行為」について

(1) 議論の方向性

それでは，入口規制としての適合性原則の考え方に基づいて市場から排除されるべき顧客であるとまではいえず，かつ，情報格差の是正の観点からの説明義務が尽くされている限り，ヘッジニーズに適合しない商品を勧誘されて契約してしまった顧客を救済する余地はないのだろうか。

確かに，上記2(2)で述べたとおり，対象商品が投資目的に適合するかどうかは，本来的に顧客が自身のニーズに基づいて自ら判断し決定すべきことであるから，説明義務が果たされている以上，あとは自己責任の問題だという割り切り方もあるかもしれない[71]。しかし，現実には，複雑なデリバティブ商品では，顧客にとって，商品構造を正確に把握することが容易ではなく，自らのヘッジニーズとの関係を的確に理解し，投資判断を合理的に行うのが困難な場合もある。他方，業者は，顧客との信認関係を背景に難解な金融商品を勧誘・販売する専門家として，「顧客に適合した金融商品を勧誘する義務」又は「顧客に適合しない金融商品の勧誘をしてはならない義務」を負っていたと解することが可能であるように思われる。この義務は，適合性原則のうちの「投資支援」の側面（第1節4(2)（104頁））に由来する私法上の義務として位置付け，その違反があった場合には，「不適合商品勧誘の不法行為」の成立を観念してよいのではないだろうか。

学説上も，その理論的な位置付けを巡っては議論が錯綜している感はあるものの，結論的にはこれと同趣旨（又は同じ指向性）の不法行為類型を認めるのが近時の有力説となっている[72]。

(2) 助言義務論との関係

平成17年最判の才口千晴裁判官補足意見が「指導助言義務」による救済の可能性について触れているのを始めとして，学説においても，説明義務を超える法理としての助言義務（指導助言義務）をいう議論が活発になっている[73]。

しかし，本来，金融商品取引業者が投資に係る助言義務を引き受けようとする場合には，報酬約束のある投資顧問契約等を締結し，「投資助言業務」を行うのが金商法の建前であり（同法2条8項11号，13号，28条6項，41条），この投資助言業務と「助言義務」の棲み分けが曖昧なままでは，法体系全体としての整合性を損なうことになりかねない。また，より本質的な問題として，「助言義務」が，投資勧

---

[71] 永田光博「合理的根拠適合性」金融法務事情1925号4頁
[72] 第1節4(2)（104頁）に掲げたもののほか，川地宏行「投資勧誘における適合性原則（二・完）三重大学法経論叢18巻2号37頁参照。
[73] 潮見佳男・前掲注13，内田貴・前掲注19，山本豊「契約準備・交渉過程に関わる法理（その2）——適合性原則，助言義務」法学教室336号99頁

誘場面一般について，顧客に損失を生じさせないような積極的なアドバイスを要求するような広汎な義務であるとすると，投資取引の基本となるべき投資家の自己責任原則の考え方と根源的な部分で緊張関係を生じ，対立要素となりかねない。

　このようなことを考えると，指導助言義務という広汎な一般的義務を正面から認めることには慎重にならざるを得ないと解される。前述した「不適合商品勧誘の不法行為」の考え方は，指導助言義務論のこのような難点を踏まえつつ，その意図するところを部分的に実現しようとするものである。

(3) 適合性原則の考慮要素との関係

　「不適合商品勧誘の不法行為」の理論的根拠は，適合性原則のうちの「投資支援」の側面に求めることができるのではないかと述べたが，適合性原則の考慮要素（①知識経験，②財産状態，③投資目的）との関係に着目すると，次のような説明も可能と思われる。

　すなわち，適合性原則は，もともとは顧客の判断能力（知識，経験），財務耐久力（財産の状況）に照らして，不適切な勧誘を行ってはならないという要請であったが，証券取引法が金融商品取引法に再編された平成18年改正の際，新たに「投資目的」が判断要素に加えられた。したがって，投資目的との不適合が生ずるような勧誘に対しては，適合性原則の考慮要素中の「投資目的」に着目して，不適合勧誘の不法行為を導く根拠とするのが自然な解釈であると解される。平成17年最判における狭義の適合性原則違反の不法行為の適用が，適合性原則のうちの「入口規制」の側面に着目したものであることは前述したとおりであるが（この考え方に基づく不法行為類型を，便宜上「不適合顧客勧誘の不法行為」と呼ぶこととする。），この「不適合顧客勧誘の不法行為」は，適合性原則の考慮要素のうちの<u>顧客の判断能力（知識，経験），財務耐久力（財産の状況）との不適合</u>が主に問題となる場面における適合性原則（狭義）の現れであると考えることも可能である。これに対し，「不適合商品勧誘の不法行為」は，<u>投資目的との不適合</u>が主に問題となる場面で適用される法理といえる。

(4) 「不適合商品勧誘の不法行為」論の実質的根拠

　適合性原則のうちの「投資支援」の側面を強調し，ストレートに私法ルールに結び付けようとすると，上記(2)の指導助言義務論に関して述べたように，自己責任原則との緊張関係が生じ，対立要素となりかねない。そのようなことを踏まえた上で，投資支援論から民事責任を基礎付けるためには，実質的根拠の部分で相応の補強が必要になると思われる。

　このような観点から重要になると思われるのは，①顧客のヘッジニーズに適うことをうたった自らの勧誘行為（先行行為）に基づく作為義務（誤解を解く義務）の要素，②誤導的な説明により投資判断を誤らせたという要素，③信認関係を背景とする専門家に対する信頼の保護の要素等である（以上につき，概念図２（161頁）を参照）。なお，③にいう「信認関係」には，法律上，顧客に対する善管注意義務

が定められている業者である投資助言業務を行う業者（金商法41条）や取引所取引を行う問屋（商法552条2項・民法644条）に限られるものではないが，自己責任原則との緊張関係を念頭に置きながら，事案に応じた慎重な検討が必要と思われる。

そして，これらの要素は，具体的には，下記(5)アの具体的な判断枠組みの中で実質的に判断されることになろう。

(5) 判断枠組み等

ア 不適合商品勧誘の不法行為の成立要件等については，今後の議論に待つべき点が多いと考えるが，あえて定式化を試みるならば，顧客のニーズに適合しない金融商品であるにもかかわらず，この点につき誤解を生じさせかねない勧誘を積極的に行うなど，顧客に適合した金融商品の勧誘を要請する適合性の原則から著しく逸脱した勧誘をしてこれを販売したときは，不適合商品勧誘の不法行為を構成するといった枠組みが考えられる[74]。そして，その判断手法としては，(1) 原告側が，①投資目的が専らヘッジにあること，②当該ヘッジニーズと勧誘された商品との不適合性，③そのような不適合が生じてしまったことについて業者側の帰責性[75]を基礎づける事情（ex.商品の複雑さ，顧客の業者に対する信頼の強さ，ヘッジニーズに適うことをうたった積極的な勧誘，業者による顧客のニーズ把握の不十分性，顧客側の適合性基盤のぜい弱性等）を主張立証し，これに対し，(2) 被告側が，業者としての帰責性を否定・減殺する事情（ex.顧客側の要望に基づく取引条件の決定，顧客は投機目的を併有等）を主張立証するという，総合判断アプローチが適切ではないかと思われる。

イ 以上では，投資目的がリスクヘッジにある場合を想定した議論をしてきたが，例えば，利殖・運用を目的とする取引で顧客の堅実な投資意向にそぐわない投機性の高い商品を勧誘したという場合に，ここで述べた「不適合商品勧誘の不法行為」論の射程が及ぶかどうかも問題となり得る。

このような場合の投資家保護の法理としては，伝統的な適合性原則（狭義）違反と説明義務違反という枠組み（特に，顧客の属性に照らして理解可能な説明がされたかどうかの審査）で対応できるのではないかと思われ，「不適合商品勧誘の不法行為」の射程外であると一応は考えられるが，具体的な事例を踏まえた今後の議論に待ちたい。なお，金融商品購入後のパフォーマンスに満足できなかった顧客が，それを理由に投資目的との不適合を主張するようなルーズな運用は，この法理とは無縁のものであり，この点は特に念を押しておきたい[76]。

---

[74] このような定式化をした場合，平成17年最判が示した上位規範（適合性の原則から著しく逸脱した証券取引の勧誘をしてこれを行わせたときは，当該行為は不法行為法上も違法となる）の下位ルールと位置付けることもできるのではないかと思われる。

[75] 便宜上「帰責性」と述べたが，不法行為の要件との関係では，違法性，過失を基礎づける事情が重なり合っている事実主張ということである。

[76] 和仁亮裕・前掲注11も，これと同じ趣旨を強調している。

(6) 過失相殺との関係

　「不適合商品勧誘の不法行為」という責任類型を認めるとしても，自己決定に基づく自己責任の原則とのバランスを図る必要がある。上記2(2)（137頁）で述べたとおり，対象商品が投資目的に適合するかどうかは，本来的に顧客が自身のニーズに基づいて自ら判断し決定すべきことであるから，上記不法行為が肯定される場合であっても，多くの場合で過失相殺は避けられず，相当大幅な過失相殺が是認されるケースも予想される。この点で，原則的に過失相殺は許されないと解される狭義の適合性原則違反（不適合顧客勧誘の不法行為）の適用場面とは明確に区別されよう。

(7) 金融ＡＤＲの実務との関係

　ヘッジ目的との不適合の問題は，為替リスクのヘッジをうたった通貨スワップを中心に，金融ＡＤＲにおいて大量の処理がされた実績があることは前述した。そこでは，ヘッジ目的に適合しない通貨スワップ等につき，適合性原則違反を理由に賠償義務を緩やかに認める一方，大幅な過失相殺も許容する大胆な手法で，社会問題化した事業者向け為替デリバティブ問題の解決に大きな成果を上げた。本司法研究における検討過程で，このような金融ＡＤＲの実績に触発されたという側面があるのは事実であるが，金融ＡＤＲで行われていた実務と同じ運用イメージで理解するのは，おそらく楽観的にすぎると思われる。例えば，ヘッジ目的と投機目的の併有等について，金融ＡＤＲでは厳密な事実認定を経ているわけではないが，裁判でこの点の認定をしようとすれば，それだけでも簡単なことではないはずである[77]。この点を含め，金融ＡＤＲで行われていた運用とは相当に異なったものになることが予想されるが，それは必要なことでもあるし，やむを得ないことと考える。

4　まとめ

　以上に述べたとおり，適合性原則に由来する民事責任としては，従来一般に承認され定着していた「入口規制」の側面からの不法行為理論（＝不適合顧客勧誘の不法行為）に加え，「投資支援」の側面に着目した不法行為類型（＝不適合商品勧誘の不法行為）を正面から承認し，投資目的との不適合の問題はこの枠組みで対応すべきであるというのが，本書の立場である[78]。この法理は，「適合性原則（狭義）の領域縮小」という指摘との関係では，その縮小領域に対する代償的な役割を期待するものである

---

[77] 和仁亮裕・前掲注11も，ヘッジとスペキュレーションを截然と区別することの困難性を指摘している。

[78] この議論を，「狭義の適合性原則」と「広義の適合性原則」の概念との関係でどう位置付けるかという問題がある。一応は，「狭義の適合性原則＝入口規制→不適合顧客勧誘の不法行為」，「広義の適合性原則＝投資支援→不適合商品勧誘の不法行為」という図式で理解するのが簡明であると思われるが，「狭義」か「広義」かという議論自体，多分に用語の問題という側面もある上，学説の議論も流動的なところなので，ここでは，あえて「狭義」「広義」という区分は前面に出さずに記述することとした。

が，自己責任原則との兼ね合いにも配慮したバランスのとれた適用範囲と射程を見極めることが肝要である。この点は今後の議論と実務の展開に期待したい。

第5節　損害賠償責任に関するその他の問題
1　断定的判断の提供
(1) 断定的判断の提供と民事責任

　金商法38条2号は，金融商品取引業者等又はその役員若しくは使用人は，顧客に対し，不確実な事項について断定的判断を提供し，又は確実であると誤解させるおそれのあることを告げて金融商品取引契約の締結の勧誘をしてはならないと定める。これは業法ルールとしての行為規範であり，適合性原則における議論と同様，民事責任（不法行為の成立）との関係が問題となり得る。しかし，従前から，断定的判断の提供が不法行為法上も違法となり得ること自体はほぼ異論なく承認されてきたところであり[79]，さらに，金販法の平成18年改正によって，断定的判断の提供による損害賠償義務は，民事ルールとして明文化されるに至った（同法4条，5条）。なお，この責任が無過失責任であり，損害及び因果関係の推定規定があること（6条）は，金販法上の説明義務違反による損害賠償責任と同様である。

　ところで，断定的判断の提供を理由とする損害賠償請求に関しては，金販法上の請求ではなく一般不法行為をあえて選択する実益は見出し難い。説明義務違反におけるように「一般不法行為の対象にはなるが金販法の対象にならない」という類型が想定できないからである。

　また，消費者契約法上，断定的判断の提供を理由とする取消権（同法4条1項2号）が認められていることは，後述するとおりである。

(2) 断定的判断の提供の要件

　断定的判断の対象となるのは「不確実な事項」であり，デリバティブでは，将来の原資産の価格（金融指標）の動向が典型的にこれに当たる。実務上主に争われるのは「断定的判断の提供」の要件該当性であり，特に，「不確定・不確実であることを前提に，取引担当者としての参考意見，見込みを述べたにすぎない」という被告側の弁解をどう考えるかが問題となる。これは個別の事実認定問題というほかない[80]。

---

[79] 最二判平成8・10・28金融法務事情1469号49頁は，保険会社が変額保険契約を締結するに当たり，説明義務に違反し，また，運用実績が9％を下回ることがないことを強調した行為が大蔵省通達の禁止する断定的判断の提供に該当し，それ自体違法と評価されるべきであるとした原審の判断は正当として是認することができるとした。

[80] この点に関し，一，二審で結論を異にした裁判例として，東京高判平成9・5・22判例時報1607号55頁〔金融商品取引法判例百選38頁〕がある。

2　商品組成上の注意義務違反

(1)　議論の現状

必ずしも成熟した議論になっているとは言えないが，実務上散見される主張として，「販売された商品は金融商品として瑕疵，欠陥があり，商品組成上の注意義務違反がある」といういわば欠陥商品論というべき主張がされることがあり，その欠陥を根拠づける要素としてプライシングの不当性が強調されることもある。

しかし，結論的にこのような主張が正面から採用された裁判例は見当たらず，武富士メリル事件においても，第1審，控訴審，上告審を通じて，「商品組成上の注意義務違反」をいう主張は全て排斥されている（上告審である平成28年最判は，自判をする前提として，ごく簡単な説示でこれを排斥している。）。

(2)　今後の議論の方向性について

ア　この「欠陥商品論」を考える上で，以下の点に留意が必要と思われる。

第1は，デリバティブ取引は基本的にゼロサムの世界であり（第1章第1節1(4)（6頁）参照），取引条件の一部を取り上げて，顧客に一方的に不利益な内容であるなどという議論は通用しないということである。例えば，業者側だけが損失を限定できるノックアウト条項がついていたり，顧客側の損失が加速度的に増大するレシオが採用されていたとしても，それとのバランスにおいて顧客に有利な権利行使価格等が設定されているという形で，全体としての商品設計がされているのがデリバティブ商品なのである。

第2に，上記のような意味でのゼロサム性を前提とする均衡が確保されていないという点を取り上げたいのだとすると，それは前述した「プライシングの不当性・不透明性」の問題にほかならないが，公序良俗違反が成立するような場合は別として，プライシングの当・不当の問題を「商品組成上の注意義務違反」と言い換えたところで，直ちにその違法性を基礎づけることは困難と思われる（前記第3節3(3)（136頁）参照）。

イ　このような点を踏まえると，「およそ金融商品として成り立たない」といった大雑把な法律構成からは，あまり生産的な議論は期待できないように思われる。この議論を巡って審理が混迷するのは望ましいことではなく，必要に応じて裁判所が議論をリードするなどして，適切な争点整理を行うことが求められる。特に，従前の「欠陥商品論」が担っていた議論のうち，ヘッジニーズの不適合に関する問題については，今後「不適合商品勧誘の不法行為」の議論が実務に定着することで，理論的な整理が進むことを期待したい。

3　損害

(1)　差額説による理解

損害については，不法行為がなければ被害者が置かれているであろう財産状態と不法行為があったために被害者が置かれている財産状態との差額をいうとする差額

説が伝統的な考え方である[81]。

差額説を踏まえると，デリバティブの投資損害賠償訴訟における損害とは，問題となった取引に基づいて「顧客が支払った（支払うべき）金額」から，「顧客の取得した（取得すべき）金額（金銭のほかに取得した権利等の価額を含む。）」を控除した金額ということになろう。これは，金販法6条が定める「元本欠損額」にほかならない。

また，一つの不法行為により複数の取引が行われ，その一部で損害を被る一方，他の取引で利益を上げたという場合，当該利益は損害額と損益相殺されることになると考えられる[82][83]。

(2) 原状回復的損害賠償

違法な投資勧誘に係る被害を救済する法理としては，大別して，契約の効力を否定し不当利得の問題として処理するアプローチと，不法行為による損害賠償を請求するアプローチが考えられるが，実務の趨勢として，契約の効力は有効としたまま（あるいは，その効力を積極的に否定することなく），不法行為の成立を認め，上記(1)の差額説の考え方に従った損害賠償を命ずることで被害救済を図るのが主流となっている。これは，結果として，契約が無効（又は一部無効）とされたのとほぼ同様の効果を生むことになる。学説上，不法行為に基づく損害賠償請求のこのような活用方法に着目し，「原状回復的損害賠償」と呼ぶことがある[84]。

この点について，契約の効力を否定することなく原状回復的損害賠償を認めることには評価矛盾があるのではないかとの批判もないわけでないが，契約の効力を否定して契約関係の清算を行うアプローチと比較して，①契約当事者以外の者（担当者，代表者等）に対する請求の可能性がある点，②過失相殺を行うことにより事案に応じた落ち着きのよい解決を図ることが可能となる点で，実務上のメリットは大きく，現在，これらの利点を活用した原状回復的損害賠償を中心とする実務運用が，ほぼ確立したものになっている。金販法6条の規定も，このような実務運用と平仄を合わせたものと理解することができる。

---

[81] 最一判昭和39・1・28民集18巻1号136頁
[82] 最大判平成5・3・24民集47巻4号3039頁
[83] このような事例で過失相殺が必要となる場合，損益相殺と過失相殺のいずれを先に行うかという問題がある。損益相殺を先に行った裁判例として，大阪地判平成23・4・28判例タイムズ1367号192頁，大阪高判平成12・5・11証券取引被害判例セレクト16巻224頁が，過失相殺を先に行った裁判例として大阪地判平成22・10・28判例タイムズ1349号157頁（ただし，控訴審である大阪高判平成23・11・2証券取引被害判例セレクト41巻315頁は，この点に関する原審の判断を変更している。）がある。なお，損益相殺によらず，取引を一体のものと考え，損失と利益を通算した結果を損害と認定する手法も考えられるところであり（最三判平成20・6・10民集62巻6号1488頁の田原睦夫裁判官意見参照），その場合，損益相殺を先に行う処理と同じ結果となる。
[84] 潮見佳男「規範競合の視点から見た損害論の現状と課題(1)（2・完)」ジュリスト1079号94頁，1080号86頁，山本敬三「取引関係における公法的規制と私法の役割（2・完)」ジュリスト1088号105頁

4 因果関係

(1) 因果関係の立証責任

一般不法行為であれば因果関係の立証責任は原告（顧客）側にあるが，金販法に基づく損害賠償が請求される場合には，元本欠損額との間の因果関係が推定されているので，この限度において，立証責任の転換が図られている（金販法6条1項）。

(2) 説明義務違反における因果関係

ア　説明義務違反と損害との因果関係の判断は，「当該説明義務違反がなければ（すなわち説明義務が履践されていれば），当該取引をすることはなかった」という事実的因果関係（条件関係）が中心となると解される。もっとも，説明義務の対象は「取引の基本的な仕組み」と「リスク」が基本であり，その説明義務違反が認められることを前提とする限り，当該説明がされていれば取引をすることはなかった蓋然性が高いと考えられるので，通常，上記因果関係は肯定されてよいように思われる。

イ　やや問題となるのは，説明義務違反自体は認められるものの，実際に発生した損害は当該説明されなかった事項と全く関係のないところで発生したという状況での考え方である。例えば，仕組債の債券発行体の信用リスクについての説明義務違反は認められるものの，実際の損害は，債券発行体の信用低下とは全く関係のない金融指標の変動によるもの（社債に組み込まれたデリバティブの部分の損失）であったというような場合である。顧客は，金融指標の変動に係る市場リスクの存在は説明により認識しており，当該リスクを引き受ける投資判断に基づいて取引をしたのであるから，その損害を業者に帰責させるのは妥当でないという価値判断も十分成り立ちそうである[85]。しかし，上記の場合の損害賠償責任を消極に解する結論を導く理由（枠組み）として，上記アの事実的因果関係が否定されると考えるのか，それとは別の理論的枠組みで考えるべきかという点は，必ずしも明らかでない。この点は，学説上もあまり議論の展開がみられず，未解明の問題であると思われる。

ウ　上記の事実的因果関係から進んで，相当因果関係のレベルの論点としては，極めて特異な状況が損害の発生・拡大に寄与した場合に因果関係にどのような影響を及ぼすかという問題が考えられる。例えば，取引所のサーバーダウンによる損害を想定すると，相当因果関係は否定されるように思われるが，他方，単に「想定外の市場の変動が生じた」というだけでは，デリバティブ取引に本来的に内在していた市場リスクが顕在化したものにほかならないのだから，原則として相当因果関係が否定されることはないと思われる。

---

[85] 東京高判平成23・11・9判例時報2136号38頁は，本文の設例のケースについて，債券発行体の信用リスクの説明がなかったことと原告の損害発生との間の因果関係を認めることができないとして，原告の請求を棄却した。

(3) その他の不法行為との因果関係

　適合性原則違反に関しては、説明義務違反におけるような因果関係論プロパーの困難な問題はあまり生じないと解される。断定的判断の提供については、金販法の適用が当然の前提になると解されることもあり、やはり実質的な争点となることは考え難い。

5　過失相殺

(1)　総論

　投資損害賠償訴訟においては、事案の実態に即した解決を導くツールとして、過失相殺の果たす役割は特に大きく、実際にも多くの事案で活用されている。過失相殺をするか否か、どのような割合で行うかは裁判所の裁量に委ねられているところ[86]、過失相殺において考慮される事情としては、顧客が商品の危険性を一定程度認識し又は認識し得たこと、顧客が商品の内容等の確認をすることなく、安易な見通しを持ち、漫然と担当者の説明を信じて勧誘に応じたこと、顧客が漫然と取引を継続し損害を拡大させたこと等が挙げられる[87]。

(2)　適合性原則（狭義）違反と過失相殺

　適合性原則に違反するとして損害賠償請求が認められた場合の過失相殺の当否については、投資者が積極的に虚偽の陳述をした場合等を除き、原則として許されないと解するのが学説の多数である[88]。ここで念頭に置かれているのは、適合性原則のうち、いわゆる排除の論理（自己責任原則の妥当する自由競争市場での取引耐性のない顧客を市場から排除することによって保護することを目的としたルール）に着目した不法行為についての議論である。適合性を欠く顧客にはそもそも取引をさせてはならないのであるから、これに反して取引をさせた顧客の過失を斟酌することは、その本来の趣旨にそぐわないと解されるからである。

　なお、第5章第4節（137頁）で述べた「顧客に適合した金融商品を販売する義務」又は「顧客に適合しない金融商品の販売をしてはならない義務」に違反した不法行為に関しては、これを適合性原則に由来する義務違反として構成するとしても、過失相殺の適用に関しては異なる考慮が必要となろう。

(3)　過大な過失相殺への批判について

　デリバティブ取引に係るものを含め、投資損害賠償訴訟においては、5割を超える過失相殺（ときには7割、8割）をする例も散見されるところ、このような大幅

---

[86] 最一判昭和34・11・26民集13巻12号1562頁
[87] 東京地方裁判所プラクティス委員会第三小委員会「金融商品に係る投資被害の回復に関する訴訟をめぐる諸問題」判例タイムズ1400号51頁以下、石川貴教・池田和世「金融商品販売関連訴訟の分析と金融機関の対応」金融法務事情1946号53頁
[88] 川地宏行・前掲注72（特に37頁）、村本武志「ワラント裁判例の現状と問題点—違法性判断と損害論を中心として」ジュリスト1076号138頁、潮見佳男・前掲注1②（特に19頁）、王冷然・前掲注1③（特に379頁）、宮下修一・前掲注12（特に22頁）

な過失相殺に対しては，次のような異なる観点からの批判がされることがある。

その一つは，主として顧客サイドからの批判であり，人間の欲深さを安易に非難の対象とするのではなく，そのような特質を当然に有する消費者像に対する理解が求められるというものである[89]。他の方向からの批判は，主として業者サイドからのものであり，7～8割もの過失相殺を行う事案に本当に投資家の請求を認める正当な法的根拠があるか疑わしく，けんか両成敗の大岡裁きのようなものではないのか，そのような判断は，決して双方当事者の望むものとはいえず，外資系金融機関などに，日本の金融市場や裁判について不健全な印象を与えることになるのではないかと述べるものである[90]。

この点は，究極的には個別の事件の個別の事情の下で裁判所の合理的な裁量に委ねられているというほかないが，飽くまでも「合理的な裁量」であって，一定の限界があることを理解するとともに，上記のような両様の批判があることについて十分留意する必要があろう。

第6節　契約の無効・取消し
1　契約の効力を否定するアプローチの功罪

契約の無効又は取消しを主張して，契約関係の清算を行うアプローチは，①契約当事者以外の者に対する請求が困難である点，②過失相殺が活用できない点で，硬直的な側面があり，現在の実務の趨勢が原状回復的損害賠償のアプローチを指向していることは前述したとおりである[91]。金販法が消費者契約法と異なり，不法行為の特例法という形をとっているのも，この理由に基づく。

これに対しては，一部無効の可能性も視野に入れた新たな消費者保護公序を追及すべきであるとする見解もある[92]一方，特にデリバティブ取引の世界で契約を無効にすることを強く警戒する議論もある。後者の議論は，デリバティブ取引は，カバー取引等の形で連鎖する多数の取引に波及していくという性格があり，取引を無効にする影響が大きすぎるという指摘である[93]。直ちに個別の解釈論に影響するものではないが，このような大きな視点も持っておく必要があろう。

---

[89] 廣谷章雄＝山地修「現代型民事紛争に関する実証的研究－現代型契約紛争(1)消費者紛争」65頁以下
[90] 和仁亮裕・前掲注11・41頁以下
[91] 平成25年最判の原審（福岡高判平成23・4・27）は，著しい説明義務違反ゆえに契約は信義則に反して無効と判断する一方で，過失相殺も認めている。無効を導く根拠，法的効果ともに理解に苦しむものであり，破棄されたのはやむを得ないであろう。
[92] 潮見佳男・前掲注18
[93] 森下哲朗ほか座談会（中）・前掲注47（金融法務事情1985号45頁）の和仁亮裕発言

2 公序良俗違反

(1) デリバティブと賭博[94]

デリバティブ取引は，一般的には刑法185条にいう「賭博」の構成要件に該当すると理解されており，違法性阻却が問題となる。金融の最先端であるデリバティブ取引と賭博を結びつける議論には，違和感を感じる方も多いかもしれないが，かつては，この点の法的不確実性がデリバティブ取引の普及の障害になっていたとされ，「デリバティブと賭博」という論点は，比較的最近までかなり深刻な問題と認識されていたのである。その後，平成10年に施行された金融システム改革法によって金融デリバティブ取引の多くが金融機関の業務として法定され，これをもってデリバティブ取引は刑法35条の「正当行為」として「合法化」されたと考えられており，その役割は現在の金商法に引き継がれている。

もっとも，法令（金商法）に規定された取引であっても，経済的な合理性が薄い場合には，なお賭博罪として違法になる可能性がある一方，法令に根拠がない取引についても，社会的相当性が認められれば違法性阻却が認められると解するのが一般的である。

いずれにせよ，今日の理論状況を前提とすると，実務上，賭博を理由とする公序良俗違反の主張が認められることはあまり考えられない。

(2) 暴利行為による公序良俗違反

暴利行為による公序良俗違反という法的枠組み自体は，古くから承認されているものであり，デリバティブ取引においても異なるものではない。しかし，上記(1)と同じく，デリバティブ関連訴訟でこれが直ちに認められることはあまり考えられない。

3 錯誤

顧客がデリバティブ商品のリスクについての認識を欠いたまま契約をしてしまったという場合には，説明義務違反の不法行為だけでなく，錯誤無効も問題となり得る（理論的には動機の錯誤という位置付けになろう。）。特に，説明義務違反と損害との因果関係の判断を「当該説明義務違反がなければ（すなわち説明義務が履践されていれば），当該取引をすることはなかった」という形で捉えた場合，その判断構造が，錯誤の判断と似通ったものになることは否定できない。しかし，説明義務の判断が，投資判断の前提として必要な情報の提供の有無という観点から行われるのに対し，動機の錯誤の判断は，「法律行為の要素」該当性という異質な観点から行われるのであり，説明

---

[94] この点に関する論点を整理したものとして，金融法委員会「金融デリバティブ取引と賭博罪に関する論点整理」（平成11年11月29日）がある。そのほかに，福島良治『デリバティブ取引の法務と会計・リスク管理〔第2版〕』128頁，黒沼悦郎ほか『論点体系金融商品取引法1』46頁，岸田雅雄『注釈金融商品取引法第1巻』87頁，山下友信ほか『金融商品取引法概説』53頁。

義務違反があったとしても，当然に錯誤無効が成立するものではないであろう[95]。

4 詐欺

投資損害賠償訴訟において詐欺の主張がされるのは，詐欺を理由に契約を取り消そうというよりも，むしろ，詐欺による不法行為を主張して，主要な役職員，販売担当者等を共同不法行為者として一網打尽にしようとする訴訟戦略に基づくものであることが圧倒的に多い。

5 消費者契約法に基づく取消し

デリバティブ取引について，顧客が消費者契約法2条1項の「消費者」に該当する場合，顧客と業者との間のデリバティブに係る契約が同条3項の「消費者契約」に該当することとなり，同法の適用の余地がある。具体的には，同法4条1項1号の虚偽告知，2号の断定的判断の提供を理由とする意思表示の取消しが主張されることがある。

なお，上記虚偽告知の対象となる「重要事項」とは，物品，権利，役務その他の当該消費者契約の目的となるものの質，用途その他の内容，又は対価その他の取引条件であって，消費者の当該消費者契約を締結するか否かについての判断に通常影響を及ぼすべきものをいう（同条4項）ところ，最高裁平成22年3月30日第三小法廷判決・集民233号311頁は，金の商品先物取引の委託契約において，将来における金の価格は消費者契約法4条4項の重要事項には当たらないとした。この判断は，他のデリバティブ取引にも妥当すると考えられる。

第7節　契約の途中終了による清算処理
1　前提となる法律関係

デリバティブ取引がその取引期間中に終了する場合としては，当事者間で合意解約をした場合，基本契約に定めた期限前終了事由（一方当事者の破綻等）が生じた場合などがある。デリバティブ取引が途中終了した場合の清算処理については，本来的には個別の契約条項に従うべきものといえるが，店頭デリバティブにおいては，その基本契約はISDAマスター契約に準拠しているものが大多数であると思われる（形式的には独自の契約であっても，その内容が事実上ISDAマスター契約に準じた内容になっているものも含む。）。そこで，以下，ISDAマスター契約における清算処理について，第3章第2節1（77頁）「ISDAマスター契約」を踏まえつつ説明する。

---

[95] 仕組債の販売につき説明義務違反の不法行為と併せて錯誤無効を認めたものとして，大阪高判平成22・10・12金融法務事情1914号68頁〔金融商品取引法判例百選58頁〕があるが，錯誤無効を認めた裁判例は極めて珍しい。

2 再構築コスト理論

(1) 第3章第2節1(2)ウ（78頁）のとおり，ＩＳＤＡマスター契約においては，デリバティブ取引が一方当事者の破綻等の事由により期限前に終了した場合，原則として，取引の終了事由の発生していない当事者が清算金額（クローズアウト・アマウント）を計算し，その金額に従って，一方当事者（Ａ）が他方当事者（Ｂ）に対し清算金を支払うことになる。この清算金額の基本的な考え方は，「再構築コスト」すなわち，期限前終了したデリバティブの残存期間に相当する同じ契約内容（ポジション）を再構築するために必要なコストであるとされ，具体的には，その時点の当該デリバティブ商品の時価（市場価格又は合理的に算定された価額）及び費用とされる。契約当事者が当該デリバティブ取引のポジション管理のためにカバー取引をしていたか否か，解約に伴って実際に再構築取引を行ったか否かは関係しない。その意味で，一種の損害賠償額の予定と考えることもできるが[96]，民法416条1項の通常損害の解釈として同じ結論を導く立場もある[97]。

(2) また，算定基準日としては，契約終了日現在を原則としつつ，それが商業的に合理的でない場合には，その後の商業的に合理的な日現在で決定される（2002年版ＩＳＤＡマスター契約14条）。

3 ネッティング

(1) 一方当事者に期限の利益喪失事由等が発生した場合には，ＩＳＤＡマスター契約6条に基づき，クローズアウト・ネッティング（Close-Out Netting），すなわち当該事由に関係するデリバティブ取引のみではなく，当事者間の全ての取引について，再構築コストと未払金額を算出し，合算して一つの債権又は債務に置き換えて清算するものとされている[98]。そして，分社化が進んだ金融機関におけるデリバティブ取引業界においては，期限前終了，特に一方当事者の破綻等に備え，あらかじめ，ＩＳＤＡマスター契約のスケジュールにおいて，清算等に関する特約条項が合意されることが一定程度あるようである[99]。

(2) しかし，このような特約が各国の倒産法制においてどのような取扱いを受けるかは別の問題である。そこで，上記クローズアウト・ネッティング条項が肝心の倒産場面でワークするかどうか疑義がある場合には，各国の倒産法制中で立法的に手当てをするほかない。このような観点から我が国での立法的な手当てがされたのが，破産法58条5項，「金融機関等が行う特定金融取引の一括清算に関する法律」3条の規定である。

---

[96] 和仁亮裕「期限前終了したＩＳＤＡマスター契約に基づくデリバティブ取引の損害の範囲及び損害の算定基準日」判例評論682号10頁（判例時報2271号156頁）
[97] 東京高判平成9・5・28判例タイムズ982号166頁〔金融商品取引法判例百選174頁〕
[98] 例えば，社債の引渡請求権のような非金銭債権も金銭評価して一括してネッティングの対象とするものである。
[99] 最二判平成28・7・8における千葉勝美裁判官の補足意見参照。

(3) これに対し，上記のような立法的な手当てがされていないために問題として残されていたのが，「再生手続開始決定を受けた当事者（甲）の相手方（乙）が，乙と完全親会社を同じくする他の株式会社（丙）の甲に対して有する債権を自働債権としてする相殺の可否」という論点である。そして，最高裁平成28年7月8日第二小法廷判決・民集70巻6号1611頁は，このような三者相殺を定める当事者間の合意（1992年版ＩＳＤＡマスター契約に準拠した基本契約のスケジュールにおいて特約条項として合意されたものである。）にもかかわらず，民事再生法92条1項により許容されている相殺には当たらないとして，当該三者相殺を認めない判断をしたものである[100]。

なお，ＩＳＤＡマスター契約との関係等については，千葉勝美裁判官の補足意見が示されている。

---

[100] この事案は，リーマン・ブラザーズ証券株式会社（甲）の再生手続開始の決定を受け，これにより野村信託銀行株式会社（乙）との間で締結していた通貨オプション取引等が両者間の基本契約に基づき中途解約されたとして，甲が乙に対し清算金及び約定遅延損害金の支払を求めたものである。これに対し，乙は，基本契約（1992年版ＩＳＤＡマスター契約準拠）中のスケジュールにおいて合意された相殺特約条項に基づき，乙と完全親会社（野村ホールディングス株式会社）を同じくする野村證券株式会社（丙）が甲に対して有する債権（再生債権）を自働債権とする相殺を主張した。第一審（東京地判平成25・5・30金融商事判例1421号16頁），控訴審（東京高判平成26・1・29金融商事判例1437号42頁）とも，上記相殺条項に基づく相殺は民事再生法上も許容されるものとして相殺の効力を肯定したが，上記最判はこれを覆す判断を示した。

第6章　デリバティブ関係訴訟の審理について

第1節　説明義務違反の主張整理の在り方

1　問題状況

　　デリバティブ取引を対象とする投資損害賠償訴訟では，取引の仕組みの難解さに加え，時価評価額や解約清算金の計算方法など，金融工学と関連する事項についての説明義務が主張されることも多く，理論的な位置付けも未整理な種々雑多な議論が「説明義務」という一括りの概念の中に持ち込まれているような状況で展開していくケースが少なくないように思われる。取り分け，投資損害賠償訴訟における二本の柱と目されている適合性原則（狭義）違反と説明義務違反の中で，後者の役割が相対的に拡大している近時の流れの中では，その傾向は顕著である。

　　このような説明義務の争点整理に関する現状を改善するためには，異なる理論的バックボーンを持ち考慮要素も異なる<u>「説明義務の対象」と「説明の方法・程度」の二段階構造論を意識する</u>ことが特に重要である。以下，これを含めた説明義務違反に関する争点整理の留意点を示すこととする。

2　訴訟物の選択

　　まず，訴訟物について，金販法5条と一般不法行為の選択の問題がある。その利害得失は，第5章第2節7(1)（124頁）のとおりであり，金販法5条に基づく損害賠償請求として定立する方が原告にとって有利になる場合も少なくないが，市場リスク及び信用リスク以外のリスク（流動性リスク等）の説明義務違反を追及する場合には，一般不法行為で構成するほかない。仕組債についても同様の問題がある。金販法5条だけが訴訟物として掲げられていた場合にはこの点について留意する必要があろうが，実際には，一般不法行為が少なくとも選択的に掲げられている場合がほとんどであろうから，あまり神経質になる必要はないと思われる。

3　説明義務の対象（重要事項）の確定

　　説明義務違反の主張整理の第1ステップは，「説明義務の対象」の確定である。金販法上の説明義務違反であれば，3条1項所定の「重要事項」として法定されているが，一般不法行為に基づくものであれば，信義則の適用問題として解釈に委ねられることとなる。そこでの指導理念，視座となるのは，自己責任に基づく自己決定の原則を基本に，自己責任を問うだけの情報基盤が欠けている場合に，これを是正するために必要とされる情報提供はいかなる範囲か─というものになる。具体的には，一般不法行為の場合であっても，金販法3条1項の「重要事項」と基本的に異ならず，①「取引の仕組みのうちの重要な部分」（最判の用語では「取引の基本的な仕組み」）と，②市場リスク，信用リスクを中心とするリスクの内容及び要因に集約されると解される

（第5章第2節6(2)（122頁）参照）。実質的な投資判断の決定に影響しないような些末な事項については，この「説明義務の範囲」でふるい落とされることになる（実体法上の主要な論点について，第5章第2節9（126頁）参照）。

4 説明の方法・程度

主張整理の第2ステップは，「説明の方法・程度」（金販法3条2項参照）の検討であり，ここでは，広義の適合性原則の要請を反映して，顧客の側の知識，経験，財産状況，取引の目的という個別の属性が考慮される。このように「説明義務の対象」と「説明の程度」という二段階構成を意識するだけで，説明義務の構造を立体的に理論的に把握することができるようになる。例えば，解約清算金の試算額の説明義務の議論でも，解約清算金の算定方法，試算額それ自体を「説明義務の対象」に含めることができないとしても，解約清算金の発生場面で発現する時価変動リスクは説明の対象になると考えられることから，その説明の「方法・程度」の問題として，中途解約に係るリスクの質と量を個別の顧客の属性を踏まえ具体的にイメージできるようにするために，試算額の説明を要求するといった議論は成り立つ可能性がある（第5章第2節9B（127頁）参照）。

5 説明義務違反に係る具体的事実

具体的な事実レベルの問題として，業者の担当者がどのような説明をしたか（しなかったか）という点に関しては，「言った，言わない」という事実レベルの争いと，説明義務の対象又は説明の方法・程度に関する法的判断に分類される争いとを見分け，人証の要否・範囲を見極める必要がある。

また，この点に関連して若干留意する必要があるのは，説明義務違反といっても，単純な不作為（説明しなかった）ではなく，不適切な説明をしたという作為の形で事実主張がされることが実務上は意外に多いという点である。このような主張がされる場合であっても，通常，主要事実として意味があるのは説明義務の不履行（不作為）にあると解されるが，誤導型の説明義務違反という特殊な性格の不法行為（第5章第2節8（126頁）参照）と理解するのが可能な場合もあり，特に，本来は説明義務の対象ではない事項について誤導的な説明があった場合などに実質的な意味を持つことになる。ここでは，一般の説明義務におけるような前述の二段階構造は妥当せず，非類型的な個別判断で考えるほかない。

6 損害・因果関係

請求原因レベルでの最後のステップとして，損害及び因果関係の整理がある。なお，金販法の適用を前提とすると，この点の立証責任は転換され（金販法6条），損害（元本欠損額）の不発生，因果関係の不存在が被告側の抗弁となることに留意する必要がある。

損害に関しては，いわゆる原状回復的損害賠償の考え方が定着しており，金販法の適用の有無にかかわらず，同法6条の「元本欠損額」所定の金額が基本になると解される。

また，因果関係に関しては，「当該説明義務違反がなければ（すなわち説明義務が履践されていれば），当該取引をすることはなかった」という事実的因果関係（条件関係）が中心となる。もっとも，このような条件関係が認められないような事案（すなわち，当該事項の説明の有無にかかわらず，顧客の取引判断に影響はなかったと推認される場合）には，そもそも説明義務違反自体が認められない（説明義務の対象といえない）と判断される場合がほとんどではないかと思われる。その意味で，説明義務の対象に関する議論と，上記因果関係の判断とは，大部分が事実上重複することになると考えられる。なお，「説明義務違反自体は認められるものの，実際に発生した損害は当該説明されなかった事項と全く関係のないところで発生した」という場合の問題は，第5章第5節4(2)イ（145頁）で述べたとおりである。

第2節　時価評価額等の開示を巡る攻防について

1　問題状況

店頭（OTC）デリバティブ取引の投資損害賠償訴訟に特有のプライシングの不当性・不透明性を巡る議論を反映して，原告（顧客）が被告（業者）に対し，販売されたデリバティブ商品の契約時における時価評価額，その算出過程，価格の構成要素等の開示を求めて，文書提出命令の申立てを含む攻防が行われる例が少なくない。そして，裁判所から見ると，原告と被告の相互不信に基づく不毛な争いで期日が無駄に費やされていると感じることもある。

すなわち，被告側としては，契約時時価評価額がマイナスであろうが請求原因との関連性がないこと，むしろこれを開示することで欠陥商品論などの「わけの分からない」議論に巻き込まれる懸念があること，部分的な開示に応じたとしても際限のない開示要求が予想されること等から，一切の要求を拒否するという過度に防御的な対応をとることが少なくなく，これに対し，原告側としては，被告のそのような対応は業者にとっての不都合な事実を隠蔽しようとする姿勢の現れではないかという不信感を増幅させるという構図である。

2　裁判所としての対応の考え方

このような場面で，裁判所としてどのような対応が適切であろうか。

まず，「プライシングの不当性・不透明性を巡る議論」の項（第5章第3節（131頁））で述べたとおり，平成25年最判を踏まえた現時点の理論状況として，プライシングの不当性又は契約時時価評価額等の説明義務違反を理由とする損害賠償請求を直ちに認めることには，難点が多いように思われる。このような理由で，最終的に文書提出命

令の採否の決定に至ったときには、必要性なしでの却下もやむを得ないかもしれないが、公序良俗違反（賭博性、暴利行為）に関係する可能性が否定できない等の理由で、少なくとも一定の対象について必要性を肯定するという判断もあり得よう（この点は、裁判所の裁量に属すると思われる。）。

しかしながら、時価評価額等の開示を巡る攻防について、相互不信の構造を打破するためには、最終的な文書提出命令の採否に至る前段階の訴訟指揮の問題として、裁判所としての方向性を明確に示す形で交通整理しておくことが適切であると考える。そして、その方向性としては、技術的に数字を示すのが困難な事項や営業秘密に関わる場合は別として、少なくとも契約時における時価評価額等については、業者（被告）側に任意の提出を促してもよいように思われる。この点の法的な争点との関連性が希薄であることは否めないものの、広い意味での事情として、事案を適切に理解し、さらに商品特性についての顧客（原告）側の不信感を解くという意味でも、その開示は有益と解されるからである。翻って、金融庁の監督指針に定められているとおり（第3章第1節2(3)エ（73頁））、本来、業者は、顧客の要請に応じて、顧客のポジションに関する時価情報の提供に応えなければならないはずである[1]。そのようなものの開示をあえて拒否する姿勢こそ、原告の不信感を招く原因にほかならない。

他方、原告側において、契約時時価評価額だけを示されても、その正当性を検証することができない等の理由から、その算出過程の詳細とか、商品価格と時価評価額との差額（プラスアルファの部分）の具体的な内訳等の開示を更に要求するという対応も予想される。しかし、金融機関にとって、プライシング手法の詳細（モデル・計算手法の選択、インプットデータの抽出等）は営業秘密に属する場合があることも予想される上[2]、そもそも真の法律上の争点との関連性から考えて、そこまでの開示の必要性が本当に存在するかを見極める必要があろう。いずれにせよ、裁判所としての対応を明確に示した訴訟指揮が求められるところである。

第3節　商品特性の理解のために
1　問題状況とあるべき方向性

これまでのデリバティブ関連訴訟において、販売対象となったデリバティブ商品の特性に関して、原告（顧客）からは「欠陥商品論」などの主張が、プライシングの問題ともからめた形で提出され、上記第2節で述べたような、あまり生産的とはいえない争いに発展し、他方で、肝心の商品特性についてはかみ合った議論が展開されるこ

---

[1] この監督指針が、直接には、解約についての顧客の判断に供することを目的とするものであることは前述したとおりであるが、過去（契約時）の時価評価額であっても、監督指針に示されている限度であれば、業者側が開示に抵抗する理由はないはずである。
[2] 森下哲朗ほか「《座談会》デリバティブ取引に関する裁判例を考える（中）」金融法務事情1985号44頁（50頁の浅田隆発言参照）

となく，裁判所の理解も深まらないまま推移するという例も見受けられた。

　このような事態にならないよう，裁判所としては，プライシングの不当性の問題と商品特性の問題をきちんと区分する方向で交通整理をしておく必要がある。そして，業者は，問題となっている金融商品を開発し，販売した立場において，その商品としての意義，特性，想定される顧客層等について，積極的に明らかにしていくべきである。また，業者にこのような対応を求めることは，日本証券業協会の自主規制に取り入れられた「合理的根拠適合性」の要請にも沿うものと解される。

2　商品特性に関するプレゼンテーション方式について

　なじみのないデリバティブ取引に関する訴訟を担当した裁判官としての立場で，商品特性等について，些末な事項から事件の核心に関わる部分に至るまで，様々な疑問点，不明に思う点があると感じるのが普通である。一例を挙げれば，「ドル安リスクをヘッジするための為替デリバティブであると言いながら，ドル安が進行するとノックアウトしてしまうというのは，一体どのような思想に基づく商品設計なのか」とか，「なぜ普通に為替予約をするのではなく，このような複雑な為替デリバティブ商品にする必然性があるのか」といった素朴な疑問点がそうである。そのような場合の裁判所としての基本的なスタンスは，変に知ったかぶりをせず，また，結論に直接関係することはなさそうだからあえて聞かなくてもいいかなどと変に自制的になることなく，取りあえず分からないから説明してほしいという求釈明を，当事者にどんどん投げかけるべきである。

　もっとも，何が分かっていないかを自分で理解し，求釈明事項を適切に整理することができるのは，実は既に相当よく分かっている裁判官なのかもしれない。そこで，ピンポイントで求釈明事項を絞り込むことができなくても，訴訟のどこかのタイミングで，主としてデリバティブ商品の商品特性に焦点を当てた口頭議論を集中的に行う期日を持つという手法は有益なことと思われる。実際，知的財産権訴訟等の専門性の高い訴訟においては，集中的に口頭議論を行う期日をいわゆるプレゼンテーション方式で持つ方法がとられ，一定の実績を上げているところである[3]。

　プレゼンテーション方式の具体的なイメージとしては，【A】<u>審理の比較的早い段階で，デリバティブ商品の開発・販売主体としての被告（業者）に，当該商品の合理的根拠適合性（第3章第1節3(2)ウ(ｱ)（75頁）参照）を中心とする商品特性の説明を行わせる方法</u>，【B】<u>審理の最終段階で，原告と被告の双方に，それぞれの主張のまとめを口頭で説明（商品特性に関する議論を特に重点的に）させる方法</u>の2種類が考えられる。東京地裁知財部で行われている知財事件の「技術説明会」は，このうちB

---

[3] 牧野知彦「特許訴訟における技術説明会」パテント66巻12号98頁，髙部眞規子『実務詳説特許関係訴訟〔第3版〕』394頁，設楽隆一ほか「座談会／知的財産高等裁判所10周年の回顧と展望」判例タイムズ1412号4頁，山門優「東京地裁における特許権侵害訴訟の審理要領（侵害論）について」判例タイムズ1384号5頁参照

のイメージに近いようである（なお，知財事件では専門委員の関与を積極的に行っているという特色もある。）。

このようなプレゼンテーション方式による口頭議論を行う場合に，期日に出頭して説明を求める者としては，①業者の営業店レベルの担当者（勧誘を担当した者），②本店の商品開発部門等のしかるべき地位にある者，③訴訟代理人弁護士等が考えられる。その得失であるが，①はむしろ証人として尋問するのが適切であり，少なくともAの方法を念頭に置いた場合，専門性の高さという点で②が最も望ましいと考えられる。ただし，難点として，被告（業者）の従業員であるからといって，訴訟案件と直接関係のない立場の者にそこまでしてもらうのは内部的な調整の問題として難しい場合もあるようであり，また，専門性は確かに高いとしても，裁判官が疑問に感じている問題意識を的確に把握し，分かり易く説明する能力があるとは限らないという面もある。次に，Bの方法を念頭に置いた場合には，訴訟代理人（望ましくはデリバティブ取引分野に精通した経験豊富な弁護士）にプレゼンテーションを行ってもらうのが適切な場合が多いと思われる[4]。

いずれにせよ，個別の求釈明で足りる場合と集中的な口頭議論をプレゼンテーション方式で実施する場合との選択，プレゼンテーション方式をどのようなイメージで実施し，どのような説明者の人選をするか等は，個々の事件ごとに適切と考えられる方法を模索していくほかない。

第4節　専門的知見の獲得・専門家の活用

1　複雑な商品特性に関する側面について

デリバティブ関係訴訟は，専門的な内容が問題となることが少なくないにもかかわらず，特に投資損害賠償訴訟の分野で，専門委員の利用実績は極端に少なく[5]，漠然と考えられているほど専門委員を必要とする切実なニーズがあるわけではないようである。

その理由は必ずしも明らかでないが，例えば，実務上専門委員が最も活躍している分野であるシステム開発契約を巡る紛争類型と比較すると，かなり様相が異なることが理解できる。すなわち，システム開発関係訴訟では，仕事の完成の有無（定義書の要求と成果物との対比検討），引き渡された成果物の瑕疵（軽微なバグに類するもの

---

[4] 本司法研究報告会における質疑応答の機会に，出席者の一人から，代理人にやってもらった説明会が分かり易かったという経験の紹介があった。

[5] 平成28年9月時点で，デリバティブ取引関係の専門性を有する東京地裁の専門委員は2名いるが，関与実績は，平成20年の1件（2名同時選任）と平成24年の他庁事件（千葉地裁松戸支部）1件だけである。また，外国為替証拠金取引の事案について，別の専門委員（退任済み）が平成20年〜22年に延べ3件関与した実績があるが，これはデリバティブ商品自体の商品特性の問題というよりは，ロスカットのシステム的な対応の当否が問題となったもののようである（第4章第6節（95頁）参照）。

か否か等）などの結論に直結する主要な争点が，正に専門的な知見と深く結び付いており，専門家の関与なくして責任ある判断はできないというのが率直な裁判官の実感でもある。また，知的財産権分野では，専門委員とともに調査官制度が活用されているが，特許発明の技術的範囲の属否，特許の有効性に関わる発明の新規性・進歩性等の判断が，専門家の援助なくしてなし得ないことはより一層明らかである。

これに対し，デリバティブ関連訴訟のうちでも特に投資損害賠償訴訟を念頭に考えると，適合性原則（狭義）違反であれ，説明義務違反であれ，結論に直結する争点は，顧客の属性，説明・勧誘経緯に係る事実認定と，それを前提とした法的判断（当該顧客の属性に照らして自己責任を問えるだけの取引適合性が肯定できるか，顧客に理解可能な程度までリスク等の説明が尽くされていたか）であって，（金融工学等の素人である）裁判官であっても，基本的には判断が可能なもののように思われる。

もちろん，上記のような法的判断に当たっても，商品特性の的確な理解は欠かせないのであるが，商品の仕組み等がいくら複雑であるとしても，しょせんは客観的な資料に記載されている情報（契約締結前交付書面その他の説明資料）と当事者（業者）の説明の範囲で理解できないものではなく，多くの裁判官の実感としても，「わざわざ専門委員を選任してまで」専門家の援助を求める必要はないという認識が一般的ではないかと推察される。むしろ，この分野の事件処理に当たる裁判官に求められるのは，技術的な側面での専門的知見よりも，より広い意味での「リテラシー」ではないだろうか[6]。

このようなことを考えると，今後のデリバティブ関係訴訟の審理において，専門委員が積極的に活用されるようになる事態はあまり想定できないように思われる。むしろ，業者が有している専門性を十分に活用する方向で，前述したようなプレゼンテーション方式を採用するような方策の方が現実的かもしれない。

ただし，誤解のないように付け加えておくと，本司法研究が，専門委員の活用に消極的な考えを持っているということは全くなく，特に複雑・難解なデリバティブ商品の商品特性の理解等のために，専門家の援助を必要とする場面は十分考えられるし，その必要性を感じた場合に専門委員の選任を躊躇する必要はない。

2　その他の側面について

複雑な商品特性の理解とは別の側面の問題として，例えば，インターネット取引におけるシステム上の対応の適否に関して，専門委員を活用するようなことは十分考えられる。

また，デリバティブ関係訴訟の中でも，当事者の破綻に伴う清算金（再構築コスト）の算定等の場面では，デリバティブの時価評価額等を裁判所が判断する必要に迫られ

---

[6] デリバティブ紛争に関与する法律家の「リテラシー」の重要性を説くものとして，和仁亮裕「デリバティブ取引と紛争解決」金融法務事情1951号28頁（特に43頁）。なお，本司法研究報告も，このようなリテラシーの向上に資するものでありたいと考えて執筆した。

ることになる。そして，このような場面では，金融工学上の知見が必須となるが，具体的には，当事者から提出される私的鑑定書と，場合によっては裁判上の鑑定によって賄われることになろう。その場合に，鑑定人としてどのような者（機関）を選任するかは難しいが，この分野に専門性があるという点，中立性への信頼性があるという点で，大手会計事務所系のシンクタンクなどが候補として考えられる。

　なお，デリバティブの時価評価額の算定のような高度に専門的技術的な問題であっても，それが訴訟の争点になった以上は，裁判所として，正面から向き合って検討し判断すべきである[7]。

---

[7] 和仁亮裕・前掲注6（特に41頁）

（概念図１）

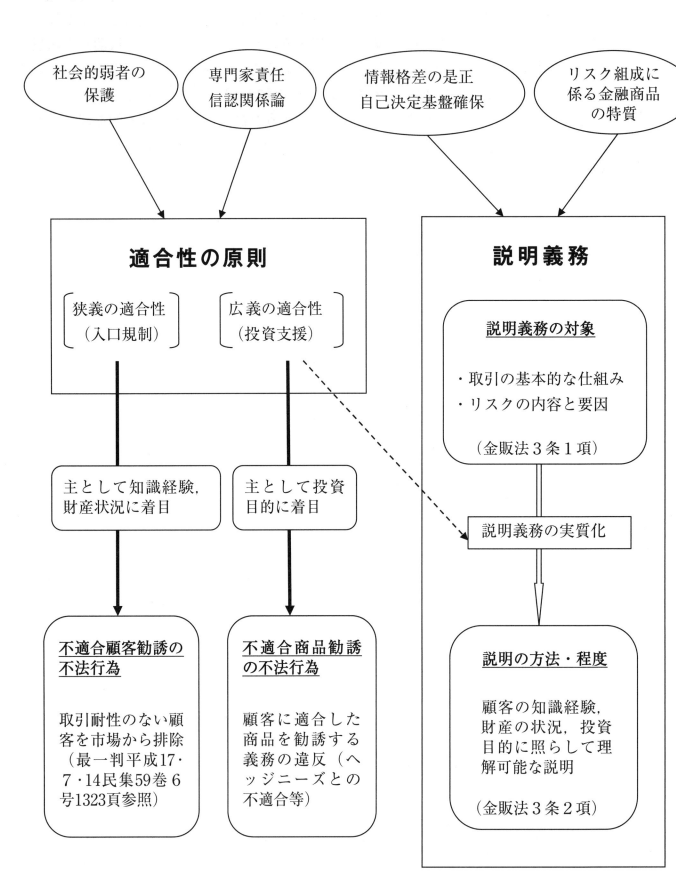

（概念図２）

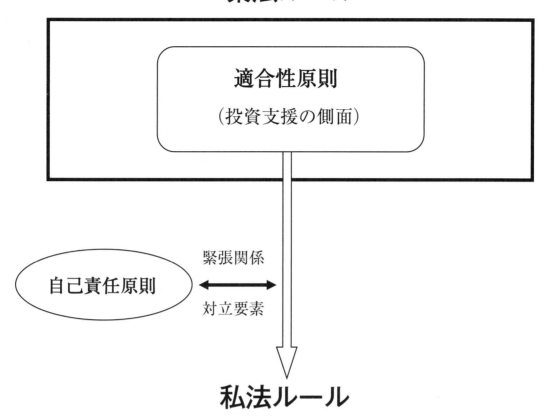

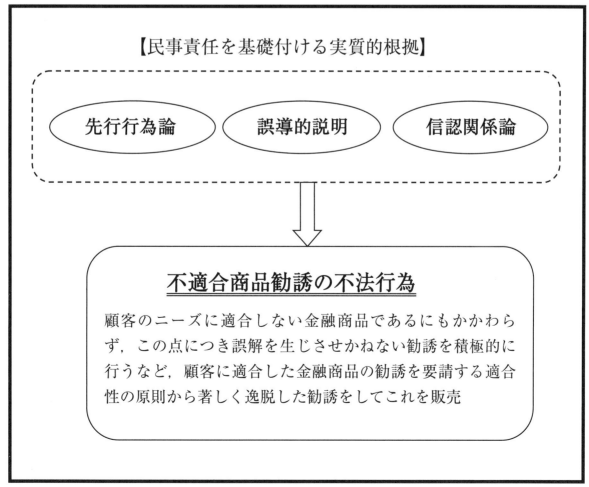

索引

A
ＡＬＭ 20
ＡＴＭ 29

C
ＣＣＰ 81
ＣＤＳ 17, 36
ＣＶＡ 56

E
ＥＫＯ債 92

F
ＦＩＮＭＡＣ 82
ＦＲＡ 16

I
ＩＳＤＡ 77
ＩＳＤＡマスター契約 77
ＩＴＭ 29

J
ＪＰＸ 79

L
ＬＩＢＯＲ 12

O
ＯＴＣ 7
ＯＴＭ 29

T
ＴＡＲＮｓ債 92
ＴＩＢＯＲ 12

あ
アービトラージ 44
アービトラージ・フリー 54
アウト・オブ・ザ・マネー 29
アキュム（レーション）付きスワップ 21
アジアン・オプション 34
アット・ザ・マネー 29
アベレージ・オプション 34
アメリカン・オプション 30
アモタイジングスワップ 21
アモチ（ゼーション）付きスワップ 21

い
イールドカーブ 11
入口規制 137
イン・ザ・マネー 29
因果関係 145
インデックスＣＤＳ 38, 118
インプライド・ボラティリティ 30

え
エキゾチック・オプション 32
エクスポージャー 47, 56

お
オプション 25
オプションの売り 25, 27, 28
オプションの買い 25, 27, 28
オペレーショナルリスク 48

か
会計基準 50, 65

外国為替証拠金取引	95
解約清算金（清算金）	73, 78, 94, 114, 127, 150
カウンターパーティ・リスク	46, 80
過失相殺	141, 146
カバード・コール	30
カバー取引	19, 45
為替予約	14
監督指針の遡及適用	127

き

キャップ	22
キャリー・コスト・モデル	58
協会員の投資勧誘，顧客管理等に関する規則	75
狭義の適合性原則	99
金融ＡＤＲ	81
金融先物取引業協会	76
金融先物取引業取扱規則	76
金融商品取引業者等向けの総合的な監督指針	70
金融商品取引所	79
金融商品取引法	67
金利スワップ	17
金利スワップの特例	66

く

クーポンスワップ	24
クレジット・サポート・アネックス	77
クレジット・デフォルト・スワップ	36
クレジット・デリバティブ	35, 63
クレジットリスク	46
クレジットリンク債	41
クローズアウト・アマウント	78
クローズアウト・ネッティング	78, 150

け

契約締結前交付書面	68
経路依存型オプション	34
欠陥商品論	143

限月	16
現在価値	51
原資産	8
原資産のモデル化	59
原状回復的損害賠償	144
権利行使価格	25

こ

広義の適合性原則	99
格子モデル	61
公序良俗違反	148
合理的根拠適合性	75
コール・オプション	25, 27
顧客カード	76, 98
顧客を知る義務	99
誤導的な説明	126, 139
コンファメーション	77

さ

最悪シナリオ	124
再構築コスト	78, 150
最大損失額	124
裁定取引	44
詐欺	149
先スタート型	20
先物取引	13, 15
先渡取引	14, 16
差金決済	8, 15, 16
錯誤	148
三者相殺	151

し

仕組債	41, 91
自己決定基盤の確保	107
自主規制規則	74
市場リスク	46, 112
地震デリバティブ	42

システミック・リスク	47
実質的ディフィーザンス	116
指導助言義務	104, 138
重要事項	112
証券取引法	67
消費者（社会的弱者）保護	108
消費者契約法に基づく取消し	149
商品組成上の注意義務違反	143
情報格差の是正	107
ショート	30
助言義務	101, 109, 138
信認関係	104, 108, 139
信用価格調整	56
信用リスク	46, 112

す

スケジュール	77
ストライク・プライス	25
ストラドル	31
ストラングル	31
スプレッド	11
スペキュレーター	44
スポットスタート型	20
スポットレート	14
スワップション	8, 21
スワップ取引	17
スワップレート	12, 18, 57

せ

清算処理	149
誠実公正義務	135
説明義務	105
説明義務の対象	122, 152
説明の方法・程度	122, 153
セトルメントリスク	48
ゼロコスト・オプション	32, 88
専門委員	157
専門家責任	108

そ

想定元本	17

た

武富士メリル事件	116
短期金利	10
断定的判断の提供	70, 142

ち

中央清算機関	81
長期金利	10

つ

通貨スワップ	23

て

ディスカウント・ファクター	53
適合性の原則	70, 97
デジタル・オプション	34
手数料	69, 134, 136
天候デリバティブ	42
店頭取引	7, 67

と

投資支援	105, 138, 141
投資目的との不適合	137
トータル・リターン・スワップ	40
賭博	148
取引所取引	7

に

二項モデル	61
二段階構造	122, 152
日本証券業協会	74
認可金融商品取引業協会	74

ね

ネッティング ... 150
ネット・プレゼント・バリュー ... 52

の

ノックアウト ... 33
ノックイン ... 33, 130

は

排除の論理 ... 101
バイナリー・オプション ... 34
バスケット・オプション ... 34
バミューダ・オプション ... 30
バリア・オプション ... 33
バリューアットリスク ... 46

ひ

ヒストリカル・ボラティリティ ... 29

ふ

フィデューシャリー ... 86, 108
フォワード ... 7, 14, 16
不招請勧誘 ... 70
プット・オプション ... 25, 27
不適合顧客勧誘の不法行為 ... 139
不適合商品勧誘の不法行為 ... 138
フューチャー ... 7, 14, 16
ブラック=ショールズ・モデル ... 10, 59
ブラック=ショールズ式 ... 60
プレーン・バニラ ... 17, 112
プレゼンテーション方式 ... 156
ブレット ... 21
プレミアム ... 25
フロア ... 22
プロテクション ... 36
プロテクティブ・プット ... 30
文書提出命令 ... 154

へ

平成25年最判 ... 112
平成28年最判 ... 116
ベーシスリスク ... 48
ヘッジ ... 43
ヘッジ会計 ... 65

ほ

ポジション ... 16
ボラティリティ ... 29, 59, 130

ま

マーケット・クォーテーション ... 78
マーケットリスク ... 46
マクロヘッジ ... 45

む

無効・取消し ... 147
無裁定条件 ... 54
無リスク金利 ... 12

も

モンテカルロ・シミュレーション ... 62

ゆ

優越的地位の濫用 ... 91

よ

ヨーロピアン・オプション ... 30

り

リーガルリスク ... 48
利益相反 ... 85, 111, 135
流動性リスク ... 47

れ

レインボー・オプション ... 34

レシオ	32	ロスカット	95
レバレッジ効果	5	ロング	30

ろ

わ

ローコスト・オプション	32	割引債	13
ロス	78		

平成26年度司法研究題目及び司法研究員等氏名

第68輯　第1号

デリバティブ（金融派生商品）の仕組み

及び関係訴訟の諸問題

研　究　員
　　東 京 地 方 裁 判 所 判 事　　宮　坂　昌　利
　　司 法 研 修 所 教 官　　有　田　浩　規
　　（委嘱時　東京地方裁判所判事）
　　大 阪 地 方 裁 判 所 判 事　　北　岡　裕　章
　　東 京 地 方 裁 判 所 判 事　　小　川　　　暁
協力研究員
　　東京大学大学院法学政治学研究科教授
　　　　　　　　　　　　　　　　神　作　裕　之

デリバティブ（金融派生商品） の仕組み及び関係訴訟の諸問題	書籍番号　29-04

平成29年9月1日　第 1 版第 1 刷発行
平成31年3月30日　第 1 版第 2 刷発行

編　集　司　法　研　修　所
発 行 人　門　田　友　昌

発 行 所　一般財団法人　法　曹　会

〒100-0013　東京都千代田区霞が関 1 - 1 - 1
　　　　　　振替口座　00120-0-15670
　　　　　　電　　話　03-3581-2146
　　　　　　http://www.hosokai.or.jp/

落丁・乱丁はお取替えいたします。　　印刷製本／中和印刷㈱

ISBN 978-4-908108-73-0